中華民國外交官列傳

劉瑛——著

筆者安排李登輝總統伉儷訪約，圖為安曼機場王家貴賓室。自左起攝政王妃、李總統、譯員趙錫齡博士、攝政王哈山王儲、李夫人。

筆者（後排第四）與外交部籃球隊和碧濤女子球隊在三軍球場友誼賽後兩隊隊員合影後排左二起江偉民、唐啓明、劉瑛、彭中原、柯振華、邱承祖、李光斗、虞慧生。

外交部長章孝嚴訪約接受名譽博士學位。左起：章夫人、稚大校長、章部長、稚大副校長、筆者。

李總統訪約，由錢復部長（左一）丁懋時秘書長（右二）和作者（右一）陪同接見僑領。

作者與黃少谷部長。

民國六十三年初波札那副
總統馬錫瑞之夫人到筆者
寓所喝下午茶。

作者與朱撫松部長。

穿長衫者為薩孟武院長，其右
為馬漢寶先生，其左依次為陶
遂博士，李祥麟教授。

作者結婚時照。前排：作者、岳母、岳父、中壢市民代胡鴻泳先生、新娘。後排：二姐夫郭黎明、二內兄胡金寶、岳父的兩個兄弟、二姐、兩個男孩是二姐的兒子。

泰國三軍最高統帥：順通上將軍

泰國最高統帥：阿鐵上將

泰國最高統帥：操華力上將

泰國潮洲會館永遠榮譽主席謝慧如先生新居落成典禮宴客，作者和男女主人坐在三人沙發上，大陸駐泰大使伉儷分坐兩邊單人沙發。

作者任駐泰代表時每年十月三十一日舉辦代表杯高爾夫球邀請賽，邀請泰官員、三軍將領和僑領約一百七十餘人參賽。

右起：五妹右貞、三妹良貞、作者、內人胡富香女士、三妹長女胡蓉。民國九十九年攝於北京。

作者台灣大學畢業照。

作者民國八十六年退職和台大同班同學
餐敘。自左起作者、彭振剛、張世儀、
何麗珠、劉明欽、陳湖相、洪朝俊。

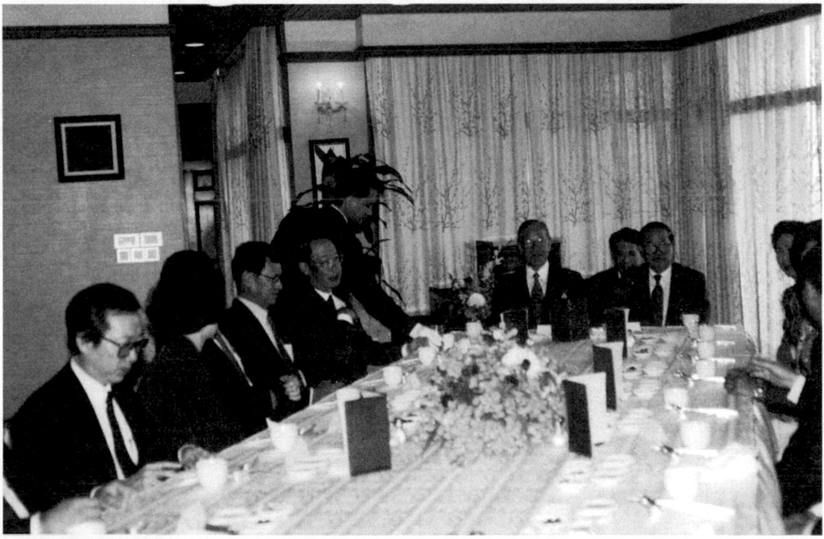

李登輝總統訪泰，國會議長瑪律．
汶納邀宴情形。

作者和夫人胡富香女士主持國慶酒會時留影。

安排李總統登輝先生訪泰的國務院副院長林日光博士邀作者（右）餐敘。

協助我最多的泰國友人內政部副部長曹璧光先生（右二）和夫人吳淑珍女士（左一）賢伉儷。

泰國曾訪華的參院院長迷猜先生。

最支持作者的巴曼警上將（左二）歷任國務院副院長、內政部長。

安排李總統和泰王晤談的畢沙第親王。

協助作者拓展對約旦工作之蒯松茂上校（右一）和夫人杜美如女士（杜月笙先生之長女公子）。

陳以源總領事（左起）偕夫人陶蘊華女士在國慶酒會中，接待貴賓。右一、二為作者夫婦。

促成李總統訪約的胡生國王長子阿不都拉親王（現任國王）
和王妃與作者在酒會中晤談情形。

芮正皋大使（左二）偕夫人（左四）回台，陸以正大使（右一）邀在咖啡廳聚會，左起楊榮藻大使、芮大使、芮夫人、楊夫人，芮大使身後站立者為沈大川先生。

右起畫家沈禎博士、李建軍先生、內人、作者、孔小姐。

左起，常汝秋參事、黃韞泉參事、作者關鏞大使。

推薦序一

樂意推薦這本好書

中華民國前外交部長　錢復

老友劉慢卿大使以其新著《外交官列傳》出示並囑為序。慢卿兄在台大政治系長我三年，高考外交官亦早我三年，進外交部工作早我五年，是我真正的前輩。

慢卿兄奉公唯謹、治事認真，才學兼備在外交界為不可多得的人才。可惜在他四十年公職生涯中前一半時間因為受到長官刻意壓抑，雖然在外交戰場上有卓越的建樹，不但沒有得到應得的拔擢，反而在同一職位上被調來調去原地踏步多年。可是他無怨無悔，只要能展現他的外交長才，他一定全力以赴；即使被安置在一個可有可無的位置，他也會充分利用時間研讀典籍，發而為文。他所著的《唐代傳奇研究》《唐代傳奇研究續集》等文學巨著就是這樣完成的。

慢卿兄於民國八十六年退休，在九十年底出版了《您好　大使閣下》一書蒐集了他在傳記文學雜誌所寫的很多篇題為「外交生涯四十年」的文章。最近十年他仍筆耕不輟，這次出版了《外交官列傳》共四篇二十九章，其中前兩篇寫的是外交界的「人」，後兩篇寫的是「事」，每一章的內容都極精采。當我讀完全書，其中最感動的是民國五十三年至五十七年著者在南非的約翰尼斯堡擔任副領事（同時是首席館員）時奉命要和即將獨立英屬三邦──巴蘇托蘭、貝川納蘭和史瓦濟蘭商談建交事宜，外交部不撥一文錢，不增派一個同仁。慢卿兄和擔任總領事的陳以源先生都是潔身自好一絲不苟的公務員，商談建交要前往三國出差，館內沒有經費支援，他自駕私人車輛開三、四小時赴三地洽談，不報誤餐費出差費，一切費用自行吸收。三年多的時間，每個國家去了將近各三十次，終於得到三國政府的邀請函，請我國派遣特使並建交。結果建交成功，功勞都是別人的，作苦工貼費用的慢卿兄連一個嘉獎都得不到。如果不是他詳細的寫出來，他的傑出貢獻將永遠埋沒了。

不過我深信「功不唐捐」的教訓，雖然慢卿兄在前二十年的公職中受到很多委屈，上天對他仍多眷顧。他有一個極幸福的家庭，賢慧的夫人相夫教子使慢卿兄全無後顧之憂，一雙子女都極優秀，事業有成，內外孫輩都極孝順，退休生活甚為恬靜愜意，他的四十年努力沒有消失，國人對於這樣一位優秀的外交鬥士一定會給予應有的尊敬。

推薦序二

多才多藝的外交幹將——劉瑛

中華民國前駐教廷大使　戴瑞明

劉代表慢卿兄囑我為他的新書寫序，基於傳統的專長觀念，不敢推辭。在台大，他比我早十多年畢業，在外交界，他也是我的先進。他在民國四十六年就通過外交官領事官高考進部。而我卻在民國五十七年才留美歸國服務學生身分，由政府分發進外交部工作。鑑於個人比較幸運，在北美司工作不到三年，錢君復先生就把我推薦給當年常駐聯合國代表劉鍇大使。聯合國被迫退出後，又改派駐美大使館，以至此後擔任駐英代表、駐教廷大使，都沒有再回到外交部內服務。故對慢卿兄新書所提到到的外交名人先進，有些只知其名，不知其人，有些認識，但所知不深。讀了他的大作後，等於修了一門外交人物的課，增長了我對他們的認識。希望慢卿兄允許我以寫書心得報告的方式，寫點讀後感，作些小補充。

慢卿兄台大政治系畢業的高材生。國學根基深厚，出版過有關中國文學史的《唐代傳奇研究》，也寫過武俠小說。外語能力更不用說，做過海軍的編譯官，早年還學過醫學，會拉胡琴，會唱京劇。見多識廣，博古通今，稱得上是一位多才多藝的外交人才。慢卿兄從外交部基層幹起，憑著他的學識才幹與努力，一步一腳印，最後高昇到特任代表，古代的一品官職。實在很不容易，令人欽佩。

從慢卿兄的著作中，可以看出他是《論語》中所說具備「用之則行，舍之則藏」那種個性的人，故能與不同性格的長官與同仁相處，做到全身而退，但他也有個性耿直、黑白分明的一面。書中「大使列傳」與「大大使，小故事」二部分，很像司馬遷《史記》中的「七十列傳」，月旦人物，喜惡形之於筆墨，毫無保留。他一再引用宋代大臣所言，作長官的要「恩出於上，功歸於下」，是有深意的，值得後輩的外交同仁，特別是在上位的人所警惕。

慢卿兄對於葉公超大使的一言一行，舉出很多不為外人所知的逸事，讀後益增欽敬之心。公超先生的行事風格，雖不為先總統蔣公所喜。但在他九年外交部長任內，獲駐美大使顧維鈞的全力配合，先後簽訂「中華民國與日本國和平條約」暨「中華民國與美利堅合眾國共同防禦條約」，穩定了台海的情勢，維繫了國家的命脈。他的勛功偉績，值得後人大書特書。

此外，慢卿兄在書中「專題報告部分」，提到李總統登輝於民國八十三年二月十五、十六兩天率團訪問泰國的事。由於個人是團員之一，親身參與，願就所知，略加補充，以為當年政府推動務實外交的苦心作見證。

那次訪泰之行，起因於印尼方面有意邀李總統往訪，對印尼的農業發展提供意見。而我方亦有意洽促印尼的邀請李總統以「中華台北」經濟體領袖身分參加同年十一月在雅加達舉行的第二屆「亞太經濟合作論壇」非正式領袖會議。當年印尼總統蘇哈托反共，與大陸關係不睦。後來當上總統的科技部長哈比比友我，亟欲與我方合作。李總統乃決定以印尼為出訪的主要目的地。途經菲律賓，再經泰國過境返國。定調為追求「和平、繁榮、進步」的「非正式訪問」三個無邦交國家。經錢部長親自密訪印尼、菲律賓安排訪問行程，過境泰國部分則由我工商界領袖承泰國副總理林日光（華裔）安排度假行程及由泰國總理在其官邸舉行午宴歡迎訪問團一行。未料為尚未呈遞國書的中共駐泰大使獲悉，乃透過各種管道強烈反對而被迫作罷。幸賴劉代表慢卿兄以其高明的外交手腕臨時洽請地位較總理為高的泰國國會議長出面宴請。並透過他平時與皇室所建立的友好關係，順利安排泰皇蒲美蓬會見李總統。（按：先總統蔣公在世時，曾邀泰皇訪華。此舉被視為投桃報李。）

由於泰皇地位特殊，普受泰人尊敬，中共大使無奈，未敢公然反對，反而使得李總統原先計畫低調過境泰國之行，變得更受重視，更有意義。慢卿兄之功，不可抹煞。李總統這次率團訪問菲律賓、印尼、泰國，名為「非正式訪問」。新聞界稱之為「度假外交」、「破冰之旅」，但實際上是一次非常成功的「元首外交」，李總統先後在蘇比克灣會見羅慕斯子總統，在峇里島會見蘇哈托總統，又在曼谷會見泰皇蒲美蓬。由於外交團隊在錢君復部長卓越的領導下，再加上駐印尼陸代表寶蓀、駐菲劉代表伯倫及駐泰劉代表瑛的全力配合下，完成了一次完善的、經典性的「實務外交」行動。讓中共方面了解，這是一次「三贏」的訪問。

最後我要對慢卿兄大作一百二十六頁上提到，外交部魏道明部長下令：「部中同仁須學習三件事，打高爾夫、打橋牌、跳交際舞。」據我所知，魏部長是根據先總統蔣公對新進外交人員訓詞的要求而所作的指示。還有在第九十五頁，慢卿兄讚揚黃朝琴先生提供于竣吉大使在台北「國賓大飯店」免費住宿一年多的義行。我聽說，因為黃氏在外交界只做到駐舊金山「總領事」，沒有作大「大使」。抗戰勝利，他返鄉發跡後，就造了一個「國賓大飯店」，英文名為AMBASSADOR HOTEL，「大使飯店」，也稱是一了心願。

於民國一〇一年八月九日完稿

目次

第一篇

大使列傳

筆者（右一）與葉公超部長（中）參與同仁婚禮。

Chapter 1

品格高尚的葉公超大使

有一位同仁對筆者說：「好的長官讓人懷念一輩子。壞的長官讓人懷恨一輩子。」雖然說得有點過火，但也確有幾分真實性。像葉公超先生，他便是讓人懷念一輩子的好長官。

筆者民國四十六年五月進外交部工作，在護照科任薦任科員。當時，我們的辦公室設在博愛路，是暫借台灣銀行的房子。四層樓。五樓是加蓋的違章建築。部長正是葉公超先生。他的辦公室在二樓。我因是派在護照科坐櫃檯，時常有機會看見他由大門進來，從櫃台對面的樓梯直上二樓辦公室。跟在他後面的是他的副官王仲文。

剛考取外交官領事官高考進部工作的同仁，大都是二十二、三歲才從大學畢業的青年小夥子。人家都有強烈的求知慾望。很希望聽到長官的知性談話。因為，他們所說，都是學校中學不到的。只可惜，薦任科員官卑職小，能和部長交談的機會幾乎沒有。但部長對同仁說話的機會總是有的。部長開記者招待會我們也很樂意抽空去旁聽。

一般長官對部下講話，不外下列幾種：第一種是訓話，把同仁當成小學生，又騙、又哄、外加一點威脅。第二種是大話，自吹自擂、自表功。第三種是評話，把別人批評得體無完膚以顯揚自己。第四種是空話，空口說白話。他說了半天，聽眾也笑了半天。但若有人問：「他說了些什麼？」他什麼也沒說，只不過幾句俏皮話而已。但葉公講話，卻像好朋友閒話家常，真誠、親切。他口才好，學問好，一口帶著濃重廣東音的國語，聽起來十分舒坦，令人忘倦。

他當然也關心同仁。例如，民國四十年代，國內經濟尚未起飛，同仁薪資十分低微。我的第一任館長定中明，患有甲狀腺亢進，必須去美國開刀。苦於無錢。葉部長知道了，當年派定中明去紐約我駐聯合國代表團工作，說是借重他的阿拉伯語造詣，實際上是讓他有治病的機會。

對外交部而言，葉公最大的貢獻是確立制度。首先，他堅定支持國家考試制度。他認為，任用考試及格的人，可避免當政者濫用私人。經過考試及格的人員，比沒有經過考試的人員，先經過了一次篩檢。智慧、口才、學識，都有一定的水準。當然較為可靠。像唐代的進士試，由進士出身的名臣甚多。如裴度、陸贄、李絳等，顯名當世，輝映史冊。葉公便是經過考試進入外交部工作的。由最低層爬到司長、次長、而最後作到部長。

其次，他認為外交部的人事行政、總務等工作，和部次長的秘書業務，性質特殊，由職業外交官擔當比較合適。是以外交部的人事處長、總務司長、部次長的秘書、甚至會計處的副處長，多年來都是由職業外交官擔任。

再者，他又認為司、處長的職務非常重要。若干曾經擔任過大使職務的同仁，調回部工作，應該可以擔任階級略低的司處長，而保留原來的職等。（本人便曾先擔任十四職等的代表後回部就任十二職等司長的職位，而仍支原階級的薪俸。）

還有一件值得大書特書的政績便是他利用一筆二十七萬美元的公款，創立了互助福利金。政府遷台初期，同仁待遇甚低。一個薦任科員的月薪不到二十美金。科員外放了，一個月的薪水便是二百餘美元。十數倍之多。他規定，外放的同事出國前，必須先捐一筆福利金。而每一個月，再依薪俸的多寡交一定比率的錢回國，以維持福利金的成長。在部中工作的同仁，每個月可領取定額的福利金。這樣一來，外放的同仁生活固然改善了，在國內工作的同仁也可維持稍微寬裕的生活。（三十年後，國內經濟快速發展，同仁薪貼大幅調高，生活安定無後顧之憂，才能認真工作。福利金已無存在的價值，在全體同仁表決之後，予以取銷。）

葉公四十六年七月交卸外交部長赴華府就任駐美大使。行前，同仁為他舉辦了一個十分盛大的歡送茶會。筆者有幸恭逢其盛，參加了這次茶會，恭聽葉公的臨別致詞。他說：「我作了九年部長——民國以來任期最長的一位部長，我不敢說有什麼成就，只是儘量維持制度，遵從制度。九年之中，我不曾下過一個條子，任用過一個私人。這是我最以為慰的事。」讀周谷先生所著由聯經出版社出版的《外交秘聞》，述及一位空降長官，「殘害忠良，排斥異己，包庇奸宄，結黨營私。」越發顯出葉公的正直、可敬。

至於葉公的才華建樹，將來國史中定有詳細的評斷，此處不贅。

再說葉公的大度

政府三十八年播遷來台。外交部同仁先由南京遷重慶，又從重慶遷廣州。最後由廣州乘專機遷台灣，葉公當時是次長代理部長。他看見人多、機小，唯恐大家爭攜私人物品登機，影響飛行安全。爰下令：「非公物不得帶上飛機。」他有兩支價值一千美元的獵槍，由於下屬討好代部長，帶上了飛機。負責遷台事宜的司長時昭瀛看見了，問明是葉公私有，他說：「代部長已命令過，非公物不得登機！」這兩支槍當即被丟下飛機。有人向葉公打小報告。葉公說：「時司長了不起，公私分明。」他真除部長後，便提升時公為次長。

時公的英語文程度非常好，常撰寫散文，見諸報端或英文雜誌之中。葉公從小在美國唸中學、大學，並在英國劍橋大學研究，取得文學碩士學位。英文的程度也是一流。對於時次長擬的英文稿，他通常一字不改。有一次改了一個字，時次長十分不情願，寫了好幾頁的文章辯護，同時也遞了辭呈。葉公把時次長的用字改回來，一笑置之。但時次長仍不滿意，堅持辭職。葉公對他說：「你的英文稿我不改，但你的中文辭呈我可要改動一個字。」時次長說：「可以，但不能改動主要文字。」當時是民國四十三年。葉公把簽呈上的日期由「三」字添了兩筆，改成「五」字。完全沒改主文。時公若要辭職，那可要兩年以後再說了。時次長看了，啞口無言，收回了辭呈。

但葉公卻不嫌別人改他的英文稿。他任駐美大使時，館中有一位傳奇人物，王湧源（Y・Y・WANG）。此公根本沒上過大學，連高中都沒唸過。畢生鑽研英文。他的英語文程度，早超過了一般教授。他有時改動了葉公的英文稿，葉公見改得好，不但不生氣，而且還會誇讚幾句：「歪歪（Y・Y），你這句話真改得好，可稱是神來之筆。」有時還會添上一句自嘲：「你這句話是哪一本書中偷來的呀？」

民國五十七年，我自南斐調回國工作，在禮賓司任科長。葉公早已由駐美大使調回國任行政院政務委員。

葉公三十八年來台時，特地帶了一位廚師和一位西裝師傅同行。西裝師傅姓黃，在台北市桃源街開了一間光興西服店。我的衣服都是在光興定做的。若到別家西裝店做，他們總是不能把我的上裝做好，我左右肩不完全平，因而西服的右肩靠後頸處總會露出一條縫。只有黃老闆裁剪的西服，我穿在身上，百分之百的服貼。黃老闆有一位小姐在我們司裡任收發，和司裡一位科員談戀愛。結婚之時，恭請葉公證婚，我卻作了現成的介紹人。喜宴上，我有幸和葉公同坐一桌。我坐在他的右手。

進餐時，葉公對我說：「劉科長，我同你們部長魏伯聰先生的作風不一樣，你有什麼評語沒有。」

我說：「魏伯公有一樣比不上您。」

葉公似乎很有興趣。問：「那一樣？」

我說：「魏伯公二十八歲任司法行政部長，現在都七十多了，還是部長。四十多年來，一級也沒升。您考翻譯員進部，由底層做起，一路升到部長。您升官可比他快多了！」

葉公聽了，只是尷尬一笑。

民國七十年初，我從約旦返國述職，把我在尼加拉瓜內戰中寫成的《唐代傳奇研究》一書交由正中書局出版。其時，葉公正臥病住在台大醫院。我到醫院探望他，並請他為該書題封面。他問明不是談政治、說外交、而是單純有關中國文學史的書後，欣然為我題了書名。不久，葉公仙逝。他為我題的那幾個字，正成為他最後留下的墨寶。

《唐代傳奇研究》一書已出到第三版了。二三版都是由聯經出版社印行的。每看到這本書，總不免想起葉公。葉公作了近二十年的特任主管，但他仙去之時，身後無長物。只遺下一些破舊字畫而已。他是真正的讀書人。一位有風骨、有抱負、有才氣、而且有節守的讀書人。令人懷念一輩子。

最後，我將外交前輩劉達人大使和歷史學家周谷先生對葉公的評論，載在文後，作為終結。劉達人先生說：

葉公超才情高，為人豪爽，很有識人能力，經他賞識提拔者，日後在外交界均很有作為，如周書楷、鄭健生、賴家球等諸位。

在擔任歐洲司長期間，葉公超處理英國與我戰後外交之交涉，非常得體，當年英國在我國有八十三個領事館，而我政府又要處理香港回歸問題，其時民意高張，廣州的沙面鬧了很大問題，民眾燒毀英國領事館，即由葉公超擺平。（《外交傳奇錄》，時報出版）

周谷先生說：

葉公超在一九四九、五〇年，國家極度危難期間，在外交上立過奇功。在駐美大使任上，正不眠不休，熱烈協助國家再造中興，不意在述職尚未返回任所期間，突奉令內調為行政院不管部會政務委員，成為襄贊政務大臣了。在職十七年後又轉聘為總統府資政，幾乎做了快二十年的朝中大老。葉一身大概除了幾隻殘筆破紙外幾無長物，而善終任上，要不然真的恐難入土了。（《外交密聞》，聯經出版社）

Chapter 2

才華洋溢的蔡維屏大使

求學時代

蔡維屏先生，民國紀元前一年出生於南京。父親蔡壽昌先生是警官，曾任江蘇省六合縣警察所長。母親程氏。在兄弟姊妹六人中，維公排行第五。他民國十七年高中畢業後，進入金陵大學讀預科。一年後升入正科，主修數學，輔修物理。二十二年取得理學士學位。再轉入文學院政治系。二年後，又修得文學士學位。民國二十四年八月赴美深造，入伊利諾大學。二十七年，獲得博士學位。

民國二十六年七月，中日戰爭爆發，維公完成學業後，決然返國工作，共赴國難。歷任中央政治學校外交系講師、教授，「財政部貿易委員會」編輯，「行政院對外貿易委員會」秘書兼組長，於三十二年進入外交部美洲司任專員。

從此，維公一直在外交崗位上奮鬥。從專員、領事、司長、總領事，一直升到次長。最後在駐沙烏地阿拉伯王國大使任上，退休回國。轉任外交部顧問。時已年近八旬。

初次外放

蔡公民國三十二年進入外交部工作，任專員。他在美國讀博士學位時，天天上圖書館看書、寫論文。累了，借些看手相的書消遣。後來，論文寫完了，博士學位拿到了，手相學也頗有心得。民國三十四年初，其時，對日抗戰已接近尾聲，後方生活仍頗艱苦。他看見自己左手的命運線，覺得該外放了。早一點外放，早一點拿美金薪水，生活會好些。這天，風和日麗，他中午下班，走出外交部。看見不遠處有一個測字攤，攤主的衣著雖不怎麼樣，倒也有點氣定神閒，像是個讀過幾年書的「窮秀才」。蔡公一時心血來潮，上前請這位先生測一個字，看看有沒有外放的消息。他拈了一個紙捲，打開來，是一個「圓字」。

測字先生說：「就字面看，足下現在國內，是一個『員』字階級的人物。足下把紙捲打開了，『圓』字去掉『口』雖然也是『員』，卻是沒有束縛的『大員』，也就是說，要獨當一面了，恭喜恭喜。足下很快便會因自己的緣故而出國，出國後便是大員。」蔡公心想：「自己現在是薦任專員，派出去也不過二等秘書，怎麼可能成為大員？」乃一笑置之。

不幾天，我駐加爾各達總領事陳質平先生電請部方派一位英語好的同仁去協助館務，最好是曾經留學過英國或美國的。於是蔡公便奉派到印度加爾各達我總領事館擔任領事之職。上面既有總領事，還有首席領事。蔡公不過「小員」一個。

其年九月，抗戰勝利。陳質平升任駐菲律賓公使館公使。首席領事沈祖徵升任駐馬尼拉總領事。蔡公奉調駐菲公使館二等秘書。赴任旅雜費約二千美元也發下來了，由於總領事還沒派定，館務由蔡公暫代。誰知這一代，竟代了四年多。當地華僑都稱他為「父母官」。雖是二秘級小領事一個，卻真成了「大員級」的人物。

民國三十八年八月，蔡公奉調出任駐印尼蘇門答臘島棉蘭市領事。雖仍不過一等秘書階級，卻真正是館長了。

「少」一事不如「多」一事

三十九年四月，印尼承認中共政權。才作了半年領事館館長的蔡公，奉命關館。同仁全部就地資遣。由部方結算薪金，並發給返國川資。

這時，蔡公突然想起五年前由印度調赴菲律賓的川資。當即擬了一個電報，請部方於核結薪資時，將五年前所發的這筆不足二千美元的川資扣繳歸還。

館中同仁都勸蔡公：「今領館關閉在即，同仁們都被資遣。大家形同落難的難民。今後如何謀生，一切都在未定之中，這項川資，實無需急於交還。倘日後情形好轉，再行歸還，似無不可。」

但，蔡公不同意，他說：「國家危難當前，政府財政拮据，這筆款項，自應立即歸還。」其實政府三十八年播遷來台，若干檔案早就流失。區區不足二千美元之舊事，根本無案可稽。但蔡公認為，一個人處境愈艱難惡劣之時，愈足以考驗其人之操行。是以毅然上電將該筆款項交還。數日之後，部方回電說：「該款已在蔡員薪資中扣除。」電報結尾又說：「著該員再行詳加檢查，是否尚有其他應行解部款項，限期查明報部！」

蔡公說：「這一段指示，按理，勉強說得過去。按情，未免有點差勁！」同仁都說：「真是，多一事不如少一事！」

但我認為蔡公的作法是對的。文天祥的「正氣歌」中說：「時窮節乃見」這是書生本色。我聽部中同仁告訴我這一個故事時，對蔡公油然起了敬佩之心。

關館之後，蔡公在印尼住了四年。先是開農場，後來設磚廠，最後進口汽車零件出售。當地僑胞給他取了一個外號，叫「仕農工商」。因為數年之間，他「仕」、「農」、「工」、「商」全幹過了①。

初識

我於民國四十二年考取外交領事人員高考，四十三年秋，到外交部實習三個月，蔡公四十三年初返國，在戰略顧問委員會作了幾個月的同少將秘書，之後再回外交部工作。職位是薦任一級專員，派在條約司第二科工作，我有幸在條約司實習時見到他：一襲筆挺的西服，白襯衣、素淨的領帶，頭髮也梳得整整齊齊。標準外交官打扮。蔡公是單眼皮，四方臉，兩目黑亮有神，充滿了智慧。說起國語來，有一點點南京尾音。說英語時，美國音很重。我在部中實習時見過他，卻沒打過招呼。

其時，外交部部長是葉公超先生。政次沈昌煥、常次時昭瀛。條約司司長薛毓麒、幫辦王之珍、一科科長鄒雲亭、二科科長黃雄材。蔡公派在二科工作。（論資歷，他在十二年前便是薦任一級，因為離開外交部好幾年，資歷中斷了，是以，只能拿年功俸，卻不能升簡任。）說起來，薛司長還曾經是民國二十八年他在中央政治學校教「遠東國際政治課」的學生。有一天，蔡公擬的稿經黃科長改了幾個字，薛司長把黃科長叫到司長室，告訴他：「蔡公是我的老師，他的文稿，你以後不可改一個字。」

三個月實習，轉眼便過去了。我回到海軍總部服預備軍官役。薛司長不久便外放駐聯合國代表團，王之珍先生升任司長，蔡公也終於升了簡任幫辦（副司長）。

「在華美軍地位協定」的折衝

我在美洲司實習的時候，曾和同仁談起美國軍事顧問團成員在華的待遇問題。我在海軍服少尉編譯預備軍官役，開始時是跟隨一位軍醫少校金肯斯作口譯工作，三個月後，他回國去了，我由陸戰隊調到海軍總部。據部中長官說，這些美軍軍官在華享有近乎外交官的待遇，實在不是辦法。民國四十六年，我進入外交部禮賓司第三科（護照科）工作。承辦外交護照、公務護照和外人簽證的業務。美軍顧問團和美軍協防司令部的人員來華，我們都是依例發給一年有效的公務簽證（Official Visa）。有一位比我低兩年畢業的台大校友，他在國防部任編譯。我們曾經私下研究這一個問題，那位同學認為中美應該簽一個協定來處理。四十九年底，我外放非洲，這個問題本來就非我職位分內之事，也沒有研究出個頭緒來，到了非洲，壓根兒便忘記了。

蔡公在我進部工作之前便已外放到美國夏威夷我駐火奴魯魯總領事館任總領事，其後回國接任美洲司司長。美洲司分為中南美司和北美司，蔡公轉任北美司司長。他花了三年半的時間，終於和美國簽訂了「在華美軍地位協定」。我國和歐美國家在司法上最不同的觀念是：我們把嫌犯當犯人，先關起來再說。除非其人能證明他無罪，否則，他是有罪的。歐美則正好相反，除非檢、警能證明其人有罪，否則，他是無罪的。也就不可以拘留他。我和我那位曾在國防部任編輯的校友都想到這一點，並且認為這種東、西方對司法觀念上的基本差異，會使得雙方談判不易進行。而且實際上，談判的障礙比我們所想的要複雜得多。

蔡公自民國五十一年初開始，就與美方談了好幾年，雖然都沒談成功，但已獲得若干共識。談判最大的障礙，第一是美方對我們的司法制度採懷疑態度。其次是雙方不能在「重大罪行」上獲得協議。尤其是毒品，如大麻菸，彼此的歧見很大。第三是犯人看管的問題。美國派在台灣協防司令部工作的人員都是士官以上的軍官，和駐防其他國家的士兵身分相差很大。所以台灣與美國之間，不能比照美國和其他國家所簽的協定辦理。

當時參與談判的我國官員，蔡公是主帥，北美司一科科長錢復博士為副。北美司司務則由副司長關鏞先生一肩挑。

為了速戰速決，蔡公在台北和美方的談判告一段落之後，還專程跑一趟美國，和當時國務院主管遠東事務的助理國務卿（如同我國外交部的亞太司長）彭岱進行一連串的談判。之後，美軍方派了十幾名軍官到國務院和蔡公再談判。會議桌很長，一邊是十幾位美軍軍官，另一邊只蔡公一人。適逢國務院中國科長葉格爾來到會場，蔡公邀請他同坐，葉格爾同意了，蔡公打趣說：「你們國務院站在我這邊，我覺得放心多了。」一時氣氛便輕鬆了許多。之後，蔡公又跑了一趟夏威夷美軍駐太平洋總部，和那邊的軍官會談，終於全部達成了協議。中美雙方由部長沈昌煥和美駐華代辦高立夫，於民國五十四年八月三十一日正式簽署協定。蔡公才覺得鬆了一口氣。當時，外交部尚有一個最高的三人指導小組，對協定進行中的各要點，隨時加以指導。成員包括外交部政務次長朱撫松先生，司法行政部次長查良鑑先生和曾任外交部政次的胡慶育大使。

這次美軍在華地位協定的談判，北美司的三巨頭——司長蔡維屏博士、副司長關鏞先生、一科科長錢復博士——深為上峰所肯定，蔡公升任駐紐西蘭大使、關宇副司長升任駐賴所托大使、錢君復博士升任副司長，代理司務。

蔡公外放大使之前，還有一個小插曲。其時是民國五十四年秋末冬初。某天，蔡公往見部長，在秘書處遇見簡任秘書范道瞻先生，范秘書順便問：「老師作了四年多的司長了，有沒有外放的消息？要不要測個字看看？」范秘書也是中央政治學校的畢業生，曾聽過蔡公的課，他測字的功夫，在部中很有名氣。

蔡公欣然同意，他看見辦公桌上的電話，隨手寫了一個「電」字。范秘書端詳了一會，說：「老師今年恐怕外放不成。電字從『雷』字。冬天沒有「雷」要等到明年春天，春雷初動之後，才會有消息。」

「可能去什麼地方呢？」蔡公問。

「電字下的田字，中間一直，向南伸出去，再偏轉向東，若以台灣為中心來看，您要去的應該是南半球偏東的國家。」

蔡公回到自己的辦公室，端詳著掛在牆上的世界地圖，由台灣往南、穿過菲律賓，再偏東，可不正是紐西蘭？

五十五年四月，以農曆來算，正是春末夏初，春雷剛過不久。蔡公奉命接替劉毓棠博士，出任駐紐西蘭大使。這正是所謂：無巧不成書。

共事與教誨

我服完兵役（預備軍官編譯少尉）後，於民國四十六年六月進部工作。四十九年十二月外放非洲。五十八年元月返部任禮賓司第二科（典禮科）科長。其時，蔡公在擔任了一年十一個月又十六天的駐紐西蘭大使後，回部接任常務次長。通常接待外賓，辦理部長宴會，都是禮賓司的工作。是以，禮賓司的同仁，經常有接觸部長和三位次長的機會。也就是在任職禮賓司的三年期間，我真正認識了蔡公，得到他許多的教誨。

我剛任典禮科長時，副司長吳祖禹外放出了國，新任尚未派定，每逢有新的大使呈遞到任國書，我便走副司長的位置。後來，一科（交際科）科長宓維炘兄外放，我又代理了三個月一科科長。三科（特權科）科長王飛兄休假，我奉司長命代理一個月的三科科長。是以，全部禮賓司的業務我都熟悉。

我進部時，部長是黃少谷先生。我回部任科長，部長是魏道明博士，政次楊西崑先生。第一常次沈劍虹先生，第二常次是蔡公。

部次長宴外賓，悉由禮賓司安排。魏部長有大臣之風，對菜色從不挑剔。楊次長則十分挑剔，宮保雞丁若丁塊切太大，皮太多，他都會罵人。

沈次長愛挑選較貴的菜式。蔡公卻節儉成性。他選菜單，好像唐朝宰相劉宴買馬，只選實用、能負重致遠的，不在乎馬的毛色好不好看。蔡公訂菜，揀實惠好吃的為原則。不要昂貴的魚翅、鮑魚。

魏部長英、法語都很好，宴客時，很能控制氣氛，使賓主都覺得愉快輕鬆。蔡公思路佳、頭腦快，英語程度更不用說，每次他請客，雖然賓主都是第一次見面，他總能應付裕如，絕無冷場。而他知識之博，尤其使我敬佩萬分。有一天，宴會前二十分鐘，他因怕塞車，沒彎回家。即從另一個場所先趕到餐館。我趁機問他：「何能什麼都知道。」他說：「作外交官的第一要訣是『勤』。所謂勤能補拙，譬如今天的主客是奧會的主席，你事先便要把奧會的歷史、背景、來龍去脈。弄個清楚。什麼地方找人問？找大英百科全書。我當大使時，替什麼身分的人證婚，為什麼工廠剪綵，事先都參考一下百科全書，或看有關的書籍雜誌，到時你便能頭頭是道地說出一番話來。」

這幾句話我終身受用不盡。我後來出任館長，每逢有證婚、剪綵、開幕、慶祝會等，在不同的場合，即使是同樣的事，也能說出不同的話來。

民國五十九年三月，由於蔡公的德意，我奉派到琉球辦理僑民的護照延期、美軍來台簽證，並代表政府宣慰僑胞，為期二週，隨我同往琉球的有領事事務處薦任科員潘明兄和寸時嬌小姐。我四十三年離開大學後從未用過的日語，這時總算派上用場了。

大概由於我出差琉球的表現還不錯，蔡公又推薦我借調去省政府任外事室主任。但司長吳文輝不肯放人，結果改派李光億兄前往。

一任科長作了三年，蔡公又有意舉薦我去某領事館當領事，也就是館長。人事處的簽呈到了楊次長那裡，我的名字便被刷掉了。六十一年二月，我被派到波札那當一等秘書。兩年之後，波政府與中共建交，我奉命以臨時代辦身分辦理關館工作。我花了差不多兩個月的功夫，總算將閉館工作處理完畢。我把館產都賣出去了。而後於六十二年六月下旗回國。回到部中，蔡公還是次長。我向他的秘書張洪源兄請安排見次長。洪源兄說：「次長交代過，您隨到隨見。」

見蔡公之時，蔡公說：「你這次關館工作做得很好，我們要升你作副司長。」人事處擬派我出任亞西司副司長的簽呈，楊次長這次不但沒有反對，而且搶在蔡公前一天便批准了。

民國六十四年，蔡公奉調任國際關係研究中心的主任。據我冷眼旁觀，蔡公是上命難違。他實在是外交長才，現在調到研究機構，工作由動態而轉入靜態，心裡多少有點依依不捨之情。

我一向是死脾氣，對於在任的長官，甚少往來，他們卸任之後，我才會和他們接近。黃少谷部長、沈昌煥部長、周書楷部長、朱撫松部長、錢復部長，他們離開外交部，甚至退休之後，我都有請他們吃過飯。蔡公離開外交部之後，我念念不忘他對我的提拔，仍然時常向他請益。我住敦化南路、忠孝東路旁，蔡公住忠孝東路、敦化南路旁，來往十分方便。蔡公和夫人宴客，我和內人經常是叨陪末座。

樹人樹業的典範

蔡公作了七年的常務次長，有兩件事他不太喜歡。第一是被人誤把他看作諧星蔣光超。在公共場合，常有人在他後面指指點點：「那不是香港影星蔣光超嗎？」甚至有人直截了當的向他索取簽名：「蔣先生，可不可以給我們簽個名？」第二，他知道有人在背後說他是個「吝嗇的管家婆」。真是：「七年一覺次長夢，落得吝嗇管家名。」

第一點，蔣光超確和蔡公有些相像，這是無可奈何的事。第二點，據我所知，有些大牌大使，回國來便向蔡公要求增加他們的經費。一不如意，便聲言要向部長討公道。「我的大使館如此重要，經費如此之少，這公平嗎？」他不知道，許多大使館的經費更少呢！外交部不是有錢的單位，經費的分配，更不是一位次長能作主的。在得不到增加經費的情形下，他們便說蔡公是「小氣」、「吝嗇」、「沒有魄力」的管家婆，實在不太公平。

我以一個外交從業人員的眼光來看，認為蔡公在七年的次長任內，實在有許多成就。

第一，他就任次長之時，部外人告訴他：辦一本護照要七天。他立即召集領務處的處長科長研究，增派人員，使辦理護照的七天，縮減到二十四小時。這種立竿見影的便民之舉，甚得各方好評。

第二，他承部長魏道明博士之命，主持外交部大樓的建造工作，十三個月便完成，同人稱便。

第三，他為使駐外人員能安心工作，爭取調高待遇，包括本俸、地域加給和眷屬津貼。結果，所爭取到的錢有限，加了薪俸和地域加給之後，每一位眷屬，每月只能拿十塊美金，實行後，居然有同仁的太太說：「我們一月只值十元美金？」這項津貼原本是無有的，其後經多次調整，並依照丈夫的身分而有差別。我八十六年以特任代表身分退職前，內人每個月的「眷屬津貼」是七百八十美元。

第四，外館雇員退職金。我們駐外館處，大都雇有當地雇員。等到這些雇員要退休了，一分退職金也沒有。我們駐南美某一大使館的一位雇員，高中畢業後進入大使館工作，大家都叫他小姐（Senorita）。一直做到頭髮白了，大家稱他媽咪（Mamita）。其人未婚，退休之時，一文退休金都沒有，真是可憐。蔡公建立外館雇員退職金制度之後，駐外館處莫不叫好。以往有雇員退休常發起爭吵的情形完全沒有了。

第五，增建職員宿舍。把外交部最早購買的一些搖搖欲倒的老屋拆除重建，造福同仁。

第六，闢建工友宿舍。

第七，樹立宴會規範。這一點是蔡公針對我們禮賓司的同仁所說的話。他說：菜色不一定要十幾道，夠吃、精緻、好味最重要。像魚翅、海參，我們視為珍饈，許多外國人都不吃。陪客不一定要湊成十二人一桌，陪客的若非其人，那更糟糕。喝酒不可打通關、喧鬧太甚。笑話不可太離譜，像怕太太一類的故事，太過俗氣，不說也罷。

我後來作了館長，我把蔡公的教誨歸納成幾條：一、菜餚精緻而不奢侈。二、陪客風趣而不俗氣。三、飲酒適當而不喧鬧。四、氣氛尊貴但不嚴肅。五、心情愉快而不放浪。記得我任司長時，有一次丁部長請某回教國的宗教部長吃飯，陪客有一位我國的回教長老。菜餚一直上得很順利，但最後上蛋炒飯時，飯上有幾片火腿屑。這位長老立即大聲嚷嚷，似乎宴會廳著了火，使全場氣氛頓時惡化。假如他輕聲吩咐一下侍者，另外換上甜點或什麼，不是很好嗎？為什麼要大驚小怪，把一場很融洽的餐會給攪砸了？事後我對禮賓司的一位科長說：「任何宴會，最好不要邀請這位唯恐天下不亂的陪客。」後來聽說那位不小心在蛋炒飯中放火腿的廚子遭到飯館的開革。

蔡公對外交部的建樹當然還很多，此處也就不再一一列舉。還記得有一次禮拜天，我和內人到蔡公府上串門子，我請教蔡公：「要如何才能成為一個優秀的外交官？」蔡公提出幾點：一是要有適應的能力。派到一個國家，必須瞭解該國的歷史、地理、風俗、習慣。二是要有語言的能力。派到法國只懂英語，派到中南美不會西班牙語，做起事來，恐怕連事倍功半的標準都達不到。三是事事有準備，時時有警覺。四是態度要謙和，舉止要得體。

我以為：一、二兩點是作外交官的基本條件。三、四兩點是作外交官的交涉能力。每逢有朋友向我問起作外交官的條件時，這四點已成為我的標準答案，外加一些個人的解釋。

民國六十八年三月，中美斷交後不久，我國成立了「北美事務協調委員會」，蔡公奉命出任首任主任委員，主持對美交涉事務。他把回歸外交工作，譬作唐明皇從四川回長安。白居易形容唐明皇「天旋地轉迴龍馭」，蔡公說他是「天旋地轉回家園」。欣喜之情，溢於言表。

而後，蔡公於七十年三月繼夏功權大使之後接任北協駐美代表，七十二年初調任駐沙烏地大使。蔡公駐美的情況如何，我不太知道。我於六十九年四月到約旦任代表，七十四年才調部。每年我們駐中東各館的館長都要齊集沙烏地開一次「協調會報」，其時，蔡公已七十開外了。他比中華民國大一歲。而體力、腦力都十分良好。薛毓麒先生任駐沙大使時，每次開會報他都排在夏天，要讓部內長官和我們見識一下沙烏地五十多度攝氏的高溫。蔡大使卻把時間排在初冬之時，涼快多了。每次開會報，蔡公還是保持他一貫的不浪費習慣：同仁的居停旅社，一應的宴會，都是以舒適、可口而不舖張為原則。想起我們有一位長官出國主持會報，指定要住當地最貴最豪華的旅館，其他館長當然也住同一間旅社，其花費較一般五星級旅社要高出許多，花國家的錢不在乎！比起蔡公，真是雲泥之差。

我作了十幾年的館長，得到蔡公的教誨，用國家的錢十分吝嗇，但用我自己的錢卻從不知道省儉。

民國七十六年，我請求調部。翌年五月代理亞西司司長。蔡公其時已退休，以顧問的名義，每天還到部中辦事。他的房間和我的辦公室是緊鄰。記得我接任司長的第一天，他特地到我辦公室道賀，並且正色對我說：「作司長最要緊的是有擔當。駐外大使電報來要增加公費一萬元，要准要駁，司長一定要有意見。不可只簽一個字便呈上去，讓部次長傷腦筋。上面准了，你對那位大使表功。上面不准，你把責任推得一乾二淨。『不是我不准，是上面的意思。』這是最要不得的。」

我唯唯稱是。長者愛護後進之意，我真是十分感激。

我於民國七十八年三月奉派任駐泰國代表，八十三年二月任駐約旦特任代表。每次因公回國，我一定會到蔡公的辦公室向他老人家致意，其時，蔡夫人已因心肌梗塞而辭世了好幾年，老人家老年喪偶，生活不免寂寞些，不久也過世了。

我和蔡公毫無淵源。但他一直拉拔我、教誨我，他的恩惠，讓我畢生難忘。他的長者風範、敬業精神、處事風格，都為後輩樹立了典範。我今日寫這篇紀念他的文字，彷彿看到他，雙目炯炯有光、一臉慈祥的微笑，就坐在我身邊呢！②

①讀者或許認為二千美金是小錢。但在民國四十年代初，美金黑市一元可換新台幣四十餘元。當時，同仁多有在北投置產者，如薦任主事，卞壽昌，在北投光明路買了一個兩層樓的透天厝，價款四萬五千元。副領事回部辦事陳敏中在民族街明志新邨對過買了一個六十建坪的平房，當時價陸萬新台幣。都不到兩千美元。

②本文大部分曾在「傳記文學」中刊出。

Chapter 3

一清如水的陳以源大使

民國四十三年秋，我由左營海軍總部請假三個月到台北外交部實習。當時，我是海軍少尉編譯官，說清楚一點，是大學畢業後服兵役的預備軍官。由於考試院有規定，考取高考要實習的，任何機關都得准假。部隊也不例外。海軍副總司令黎玉璽將軍看了相關規定，在我的請假單上批了「照准」。之後，我喜孜孜的趕夜快車由左營到台北外交部報到。

那時，在邵武學軍醫的同學王壽椿兄在台北看守所任醫官，他在杭州南路配有單身宿舍，我便借住在他那裡。

同時實習的高考同年有劉恩第、白德超、胡建德，丁宏志、王昭宣、石承仁、賈德麟、歐陽璜、陳栗、端木冠華、國剛、還有幾位，名字記不清楚了。

所謂實習，不外是看看卷、打打雜。偶爾，長官也會要實習者起草一封信，或一個節略而已。有的科長會利用實習者的勞力，整理檔案。總之，三個月下來，能學到的實在不多。

在情報司——現在已改稱為新聞文化司——我第一次遇見了當時是以領事館領事回部辦事名義的陳以源先生。身材高挑，大約一百九十公分左右，兩眼炯炯有神，八字步，說起國語來江蘇口音很重。

老一輩的同事告訴我說：陳領事是外交部中最清廉中的一員。

我是民國四十六年進部工作的，四十九年外放。先到北非茅利塔尼亞，再到南斐。五十三年初，原任駐南斐約翰尼斯堡總領事魏煜孫博士因和當地華僑相處不甚融洽，若干僑領三天五天就有一封控函寄呈外交部長沈昌煥先生告狀。沈公覺得十分苦惱，召喚人事處幫辦（副處長）李善中到部長辦公室，問他：「部中清廉有為的有哪些人？」李幫辦說：「陳以源。」「如何個清廉法？」李幫辦說：「陳員在泰國任駐百鑑坡領事館領事時，從不沾染公費。孩子們上學，私人另買了一輛三輪車、雇了一個車伕接送。不讓他們坐公務車。

三十八年大陸變色，我們關了百餘使領館。陳領事將館產經費處理得十分乾淨。」沈部長說：「好，就是他，把它調去約翰尼斯堡作總領事。」

陳以源先生字景淵，江蘇江陰人。民國前四年九月二十八日出生於故鄉。世代書香，家境富有。幼承庭訓，篤厚勤奮。畢業於上海光華大學，即進入外交部工作。時為民國十七年。自辦事員、科員，外派駐加爾各達總領事館副領事，追隨黃朝琴先生和陳質平先生。繼升任領事。抗戰勝利後，奉派出任駐泰國百覽坡領事館領事。即以公正忠勤，賢明廉潔，甚得同僚欽敬，長官賞識。

民國五十三年四月，陳公由駐薩爾瓦多大使館參事改派駐約翰尼斯堡總領事到南斐履任。其時，我係總領事館副領事，卻係首席館員。館中尚有薦任主事二人。委任主事二人。

陳公雖是江陰人，因為在上海求學，一口上海話說得十分道地。想不到，他和夫人陶蘊華女士，都能操一口純正的廣州話。南斐僑胞頗多，大都是南海順德人。南、番（讀潘）、順，號稱三邑，三地的土話完全一樣。陳公伉儷一下飛機，和到機場接機的僑領以三邑話交談，給了華僑們一個非常好的印象。

我國和南斐在民國五十年代尚未建交。駐約翰尼斯堡總領事館實際上等於大使館。此外，駐館還兼理莫三鼻克、留尼旺、毛里求斯、南羅德西亞（獨立後現稱辛巴威）、賽西爾諸地的領務。總領事還兼任駐羅連士麥（莫三鼻克首府）總領事。有時還要去羅連士麥巡察。但經費卻只不過和其他總領事館一樣。魏總領事前任劉宗翰先生，是外交部有名的「聖人」。他作了幾年總領事，把薪水都賠光了還不夠，臨離職時，賣衣物字畫還虧欠。華僑知道他清廉，大家捐款買了一個七克拉的鑽石送他。他拒收，但僑領們拒絕退還。結果，劉公將鑽石帶回國內，晉獻婦聯會蔣總統夫人。蔣夫人吩咐將鑽戒折價四十萬台幣（當時愛國獎券特獎才二十萬元），發行鑽石獎券。收入全歸國庫。所以，陳公一抵任之後，經管公費和會計的兩位主事曾分別向他報告過。陳公但說：「知道了。」而後，陳公每月總得拿出自己一部份薪水來補貼。開館務會議時，大家七嘴八舌，要求陳公致函部中請求增加公費。陳公說：「剛到任，什麼事還沒辦，先要錢，不可以。」

不久，外交部又來指令：南非的巴蘇托蘭、貝川納蘭與史瓦濟蘭三英屬殖民地將成立自治政府，兩年之內獨立，由駐約翰尼斯堡總領事負責對三地連繫，俾三地獨立後，可能與我建交設館。

但經費，一文不加。

由於我是館中唯一的一個外交官（館中還有薦任主事一人，委任主事二人），與三地連繫工作當然落在我頭上。那時電信十分不發達。不但沒有手機，也沒有直撥的電話服務。長途電話都必須經過電話局總機。有時，打一通電話，幾個鐘頭都接不通。

於是我決定直接開我的私人小福特轎車，往返三地。每一來回，都在五百英哩以上。館中經費不足，我從不敢報出差費。每地先後都跑了近三十次。結果三地都和我建立了外交關係。陳公把自己的薪水全貼進去了。我也貼了一點。例如：陳公建議和我合買一支阿美加（Omega）手錶送給史瓦濟蘭國王連絡官沙其瓦約，我眉頭也沒皺一下便答允了。因為：陳公實在貼錢貼太多了。

這裡我要特別聲明：我和三地政要來往從沒花政府一塊錢。有外傳我國曾送了若干錢給三地的當政者，才爭取到三地當局邀我參加其獨立慶典，而後與我建交。完全不是事實。

民國五十五年九、十月，貝川納蘭先獨立為波札那共和國，我陪同特使楊西崑參加他們的獨立慶典。其後一個月內我又跑了幾趟波京嘉柏隆里見波外次莫槐，終於簽署了建交公報。巴蘇托蘭十月初獨立為賴索托王國，我又陪同楊西崑去賴京馬色路參加他們的獨立慶典。慶典翌日，我又陪他去總理約拿旦官邸，簽署我和約拿旦總理早就商討好的建交公報。陳公也因功晉陞為首任駐馬拉威大使。

陳公素性公正廉潔，一毫不苟取。所以，也不知道送大禮，走後門。大使只作了兩年，因為得不到主管長官的歡心，調部辦事。其時，我在部中禮賓司任科長。

陳公寄信給我說：「一、請代租一小公寓。二、抵台之日，請代訂有冷氣的小旅館兩三天。」結果，我為他在通化街租到一間約四十坪的公寓。他們夫婦一下飛機，我和內人在機場迎候。他問我：「住哪一間旅館？」我說：「沒有租旅館，但已把公寓租好了。」他頗為詫異。因為我沒替他訂旅館。

我說：「我們先到公寓，看看合不合適。」

我們把他們賢伉儷接到配備有冷氣的公寓。飯煮好了、菜煮好了、熱水準備好了，馬上可以吃飯，馬上可以洗澡休息。臥房床鋪鋪好了，棉被、床單、枕頭、拖鞋，乃至於肥皂、毛巾、牙膏、牙刷，全部備好了。當然不需要住旅館。

陳公看了，不禁老淚縱橫，大為感動。

我說：「先吃飯吧。不要等湯冷了。」

陳公終於定居下來。一年後才得空搬進致遠新邨的宿舍。

陳公回國時，部長是魏道明博士。魏部長召見他，安慰他，要他接任亞西司司長，但陳公一口拒絕。他的理由是：「一個小館的大使都做不好，沒有能力負責一個司。」他以「大使回部辦事」名義，到部上班，實際上不必工作。他和魏夫人是親戚，也從未向人提起過。

民國五十一年，陳公屆齡退休。魏部長原先就要給他一個有給顧問的名義，陳公也不肯接受。兩次，我都有勸他：「閒著無事，何不就俯就？」（按：簡任大使官階係十四職等，司長係十二職等。但司長雖然官階較小，事權卻較大。）可陳公賭氣，堅決不接受。

我作科長時，賣去了外放前以一千六百美元買下的座落士林福林路的一處房屋，購買了忠孝東路四段的凌雲大廈一單位。五十建坪，總價六十八萬元，我勸他也買一戶。陳公說：「你知道，我在約堡兩年，薪水全貼光了。在馬拉威兩年，節省下來的錢也有限。我也老了，兒女都在國外，房子就不買啦！」

民國七十五年，我在部內任司長。陳公與夫人住致遠新邨。我和內人經常去探望他們。那時，陳公患氣喘多年，因服用類固醇過多，臉孔頸子，全走了樣，經常進出醫院。他是闊少爺出身，一生清廉高傲，不肯為五斗米折腰。年事大了，退休金也用完了，積蓄也差不多沒有了。他常對我說：「劉公（外交部同仁習慣互以「公」相稱），我後悔當年沒聽你的忠告，我若掛一個有給顧問的名義，日子也不會過得如此艱苦。我若買了一處房子，我走後，每月有房租，太太的晚年也勉強可以過得去了！」（陳公退休當時還沒有退休金制度。）

七十五年十一月初，陳公輕度中風，住進醫院。十一月廿二日清晨，溘然長逝。享壽八十歲。他的二子一女，都在國外。我和陳公，雖是同事，卻親如家人。再有外交部總務司的協助，共同為陳公料理後事。

我為陳公撰了一副輓聯，以表沉痛的悼念：

終生盡瘁黨國，記壇坫相從，教我以兩袖清風，一身傲骨。

廿載誼兼師友，竟人天睽隔，奠公須山頂白雲，嶺上梅花。

陳夫人不願出國依靠子女，一直住在外交部致遠新邨。九十餘歲，病逝榮民總醫院。

我每想起陳公的一生，總覺得老天不公，清官難作。料想他和夫人一定在天堂中自在喜樂。他所樹立的典範，將永為後人法。

Chapter 4

「一毛不拔」的唐京軒大使

用「一毛不拔」來形容一位前輩，也許讀者會罵我：「怎麼可以用這種負面的成語！太不尊敬了！」

其實，我寫「一毛不拔」，是抱著非常尊敬的態度寫的。因為，我曾做過許多助人的傻事，惹上許多麻煩。例如，我初出茅廬，進入外交部工作。一位從小看我長大的老師，他的兒子好不容易找到一份報關行裡的工作，待遇很好。只需要我蓋一個圖章作保人便可即日上班。我義不容辭幫了我那位老師一個忙。誰知這位小朋友品行惡劣，挪用公款，無惡不作！差一點害得我傾家蕩產！

我在南斐約翰尼斯堡任副領事時，一位科長例假日經過約堡。星期六中午到，星期天上午離開。南斐的商店，下午六時一到，全部打烊。星期六下午一時打烊。星期天不營業。這位科長事前好幾日便打了一個電報給我，希望我能安排一個珠寶店派員於星期六下午一到兩點之間，拿幾顆一克拉左右的裸鑽到總領事官邸，供他挑選一顆。我那時年輕好強，花了九牛二虎之力，安排約堡有名的珠寶公司——Katz & Lourie，派了一名店員，屆時拿五六顆一克拉的鑽石，到總領事官邸。那位科長果然準時到達，挑了一顆。但他回到台北後，找珠寶店估價，珠寶店說他幾乎花了一倍的價錢，上了大當。此公認為我一定從中作了手腳，得了好處，向部內長官大大的告了我一狀。第二次他經過約堡，見到我，理也不理，陳總領事得知內情，帶他到K&L公司查詢。公司的經理告訴他：鑽石的成色、大小、型態、價錢，完全沒錯。記錄俱在。供他們翻閱。此公高興之下，居然又買了一顆。

事情雖然弄明白了，陳總領事很高興。但不知那位仁兄有沒有向他的長官解釋。總之，我是自找麻煩。假如我能遵從唐京軒大使的「拔一毛而利天下，不為也」的原則，我哪裡會惹來這些煩惱！

小時候讀「昔時賢文」：「是非只緣多開口，煩惱皆因強出頭！」我這是咎由自取！可惜，我沒早些遇見唐大使，及早好好的向他學習。

我第一次外放到北非的「茅利塔尼亞伊斯蘭共和國」，而後轉到南非的「駐約翰尼斯堡總領事館」。第二次派到南非「駐波札那共和國大使館」任一等秘書。第三次又被派到南非，在「中華民國駐南斐大使館」任參事。一年半之後，因為忤犯了一位長官，被平調駐中美「尼加拉瓜大使館」任參事。拜他之賜，總算離開了是「非」之地。脫離了非洲。

我民國六十七年三月經紐約、邁阿密，到尼京馬拉瓜，兒女仍在南斐，上金山大學。內人陪在身邊。我到了馬拉瓜，名義上是協助大使，實際上，大使館有三位一等秘書，我是英雄無用武之地。譬如：大使館只有普通信封信紙，我建議要印製一些照會、節略用的照會封套、照會紙，大使說：「我們一直就用普通信封信紙。」我說：「照會也好、節略也好，大使不必簽全名，縮簽就好。」大使照簽全名。黑市一美元十幾塊本地幣，我們的經費，都是由司機拿去一間私人銀行照官價一比七兌換本地幣。我建議：照黑市換，向外交部實報，是可以的。至少應該換給國立銀行。大使不同意。後來出了事，大使才同意換黑市，由我和承辦人員共同簽名，照實報部。

六十八年五月，眼看內戰要打起來了，我建議大使將外交部發下的應變費三千美元買些罐頭食品、冷凍食品、汽水和礦水、煤氣和汽油，俾內戰發生時，斷水、斷電；公司行號不能作生意時，大使館和農耕隊同仁不至沒有東西吃！

但大使不同意。

六月，內戰爆發，首都發生巷戰。我們派在尼京的人員、眷屬，共三十人左右，一時都買不到食物，慌了手腳。我和同事韋鶴年買了足夠幾個月的糧食、飲料可以支撐，在迫不得已的情形下，我們把食物和飲料捐了出來。終於，我們由駐瓜地馬拉毛起鵬大使為我們租到一架飛機，由馬拉瓜逃到瓜地馬拉城避難。

我在馬拉瓜唯一的收穫，是埋首故紙堆中，寫完了我生平第一本研究中國文學史的專書《唐代傳奇研究》。在瓜地馬拉旅館的一個月中，我把全書重新整理了一遍。

而後，由於我在尼加拉瓜的「表現」，我又被平調到駐宏都拉斯大使館任參事。

我到任第一天，唐大使請我在大使官邸吃午飯。

（廚子老李暗中對唐大使說：「我看劉先生外表不錯，年紀也不小，怎麼還是參事？不是主事？」唐大使給他解釋，他才恍然大悟。主事並不是「主其事者」，也不是外交官。參事更不是「參其事者」，而是大使、公使等政務官下的最高階外交官。）

唐大使似乎不太喜歡說話。我知道他會唱京戲，喜歡京戲。於是我跟他談四大名旦。談譚富英、馬連良。談老旦李多奎，花臉裘盛戎。他立刻精神百倍，滔滔不絕，說他從小就愛好京戲。讀大學時，經常票戲。甚至唱壓軸戲。我初中時，童聲，學青衣。喜歡唱三堂會審、貴妃醉酒。讀高中時，改唱老生。學余叔岩、馬連良。有時還學麒麟童。於是我跟他研究言菊朋的唱腔。他隨便哼了幾句《蘇武牧羊》。果然字正腔圓，韻味十足，頗有功力。我說：「可惜沒有胡琴，要不然，我們一個拉，一個唱，日子要好過多了。」

聽說我會拉琴，唐大使興致可就更高了。好像搓麻將的人三缺一時，突然找到一個搭子，那還不高興？

一頓飯吃了整四個鐘頭。

駐宏都拉斯大使館是小館。大使和我之外，只有一等秘書趙誠德，三等秘書何國基和薦任主事徐仲泉。我這個參事派過去實在是多餘的。根本無事可作。每天，我溫習西班牙文，整理「唐代傳奇研究」底稿——修改，謄寫。和閱讀帶在身邊的一些有關唐代文學的書籍。

這一次我可學乖了，除了大使交辦的事項以外，我什麼事都不管。不喜歡的事裝沒看見。

唐大使有一套理論。任何事，絕不吃虧。譬如說：外交部都是頭月底便把外館次月的薪水發出，電匯給紐約中國國際商業銀行中的各館戶頭。從不出錯。是以駐外館一定在月初便由會計開妥支票經館長簽字後發給同仁。紐約中國商銀通常接到外交部的匯款後也會立即用航空信通知各館。唐大使一定要等收到紐約中國商銀的通知單以後，才簽署同仁薪水的支票。經常在每個月十日以後。有一次，當月二十六日了，紐約通知單還沒收到，同仁薪水支票一直放在大使辦公桌上，沒有簽。有一位同仁素無積蓄，兒女在美國讀大學，亟須交學費，希望大使即時簽字。若不然，請館裡先墊支。

唐大使不同意。

那位同事確實需錢孔急，要求大使通融。他說：「外交部上月底一定已將錢匯出，所以，各館都是開月便發薪水。紐約方面不可能沒收到我們的薪水！」

唐大使說：「萬一沒收到，我把支票簽出去了，那可是空頭支票。這是大事！」

那位同仁辯說：「從來都沒出過錯，不可能這個月的薪水他們竟沒收到。我打過電話給駐瓜地馬拉大使館，他們早發過薪水了。」

唐大使說：「今年不出錯，不能保證明年不出錯。十年都沒出過錯，難保第十一年不出錯！駐瓜地馬拉大使館不出錯，不保證駐宏都拉斯大使館不出錯。」

我把那位同事拉到一邊。我對他說：「我知道你急需用錢。我戶頭裡還有一點錢。我先借給你一千美元吧。等你領了薪水再還我。」

這件事就這樣解決了。（我這又是多事！）

也許唐大使知道我替他擺平了這件事。他又請我吃午飯。我身邊有一本清朝俞理初寫的《癸巳類稿》，其中有三卷都是討論持素脉的。其中說明：又多引用「靈樞經」和「素問經」。有好些解剖上的名詞，例如：髑骨、柱骨、缺盆、挾口等。我曾讀過一年前期醫學。我最喜歡解剖學、藥理學和病理學。每次考試都是滿分。我知道唐大使喜歡中醫。像張仲景的《傷寒論》，李時珍的《本草綱目》等，他都研究過。而我家原有開一家中藥店，我也知道好一些中藥。於是我跟他談中醫，我把我學到的解剖學上的名詞和中醫的名詞對照。我們也談論中藥在西醫治療上的用途。例如：茴香是止咳劑。毛地黃是強心劑等。一頓飯，又吃了差不多四個鐘頭。

不久，唐大使罹患了攝護腺疾病，請假去美國開刀。由我代館。他身體本來很瘦弱，加以妻子與兩子兩女都在美國，精神上不免苦悶。由美國手術返宏後，更顯瘦弱。雙十節在官邸舉行國慶酒會，他已體弱難支。於是上了辭呈，於六十七年十月下旬赴美退休。我則以相當總領事的身分代理館務。

其實，他發表退休令後沒幾天，我也奉到部令，調赴約旦任駐約旦代表。我不願代館，但唐大使就是不肯把大使館交給一秘趙誠德暫代，而外交部也批准了讓我代，我只好勉為其難的留了下來。

而在我奉到部令前，我和唐大使已辦好了移交。在清冊上簽了字。除公物外，他擁有三十多罐台灣茗茶，包括包種、烏龍、鐵觀音。都是歷年來國內來客送的。

他說：「茶有毒，對身體不好。」所以他從不喝茶。

我問他：「何不分送給同事？」

他說：「我不喝茶，所以不懂茶的好壞。我若把一級茶送給了三等秘書，次級品送給了一等秘書。三等秘書不見得說我好，一等秘書會在背後臭罵我。我何必找罵挨！」

說得也有道理。

我到大使官邸吃飯時，看到廚房牆上掛了兩個火腿。一個完整的，另一個大概割去了五分之一。因之，我對他說：「火腿可是珍饈，可以帶去美國。」

他搖搖頭，說：「火腿對身體也不好，不宜多吃。而且美國也不讓進口！」

我建議他把火腿分送同事，還有旁邊擺了一個農技團送來的大冬瓜，同事們若能在國外吃到火腿冬瓜湯，那真太美了。

他笑笑，頗不以為然的對我說：「多一事不如少一事，老弟，聽我的話沒有錯。」

他書房中還有一百多本書。他對我說：「這些書，你看著辦吧。全送給你了。我反正也帶不走。」

唐大使十月二十一日離開宏京，館務由我代理。

這時部長換了朱撫松先生。楊西崑派去南非作大使，政務次長是錢復，關鏞大使再調回部任常次。

我試著想把他的茶葉送給同仁，但每一罐茶葉都有怪味，都過了飲用期限。庫房中有些南貨，也都過期太久，不能食用。丟了，還有上百瓶各色各樣的洋酒。何國基秘書說要買幾瓶。我不許。假如他說要幾瓶用來請客，我可能就給他了。酒的數目移交清單中有列明的。我一瓶不少的交給了下任于彭大使。

在我代館的幾個月中，我一個人住在一棟兩層樓的大使官邸中，經常吃火腿燉冬瓜，閱讀唐大使留下來的書。其中如梁啟超著的《中國學術思想變遷之大勢》、屈萬里先生的《尚書釋義》、王夢鷗先生的《禮記選註》、哈佛大學教授James Ware英文翻譯的《論語》等數十本，我比較愛讀。獲益匪淺。臨離宏京前，我挑了三四十本書，和我自己的行李，打了六個包裹，經郵局寄去約旦。翌年三月，于彭大使到宏京履任，我把大使館交給他，在旅館中住了一天，第三天便離開了宏京。

唐大使送給我的三十多本書還擺在我住家的書房中。他交給我時幾乎都是全新的，只是封面上簽了「唐京軒」三個大字。我讀書喜歡作眉批，那些書經我讀過後，早已「面目全非」了。看到這些書，不免想起唐大使。假如我也能像他那樣「拔一毛而利天下，不為也」，我這一生可能會過得愉快得多。

為什麼唐大使不肯讓趙誠德代館？我想起一件事。

我離開宏京前一天，我到主事徐仲泉兄辦公室和他道別。他正譯發電報。電文大約說：「關於宏都拉斯棉花公司總經理致電我國貿局略以我訂購棉花一千包因在碼頭被焚燬不能交貨事，鈞部令飭本館查明是否屬實，經本館一等秘書趙承德前往該公司會晤其總經理，據告：『確被焚燬。』謹呈鑑察。」擬稿員趙承德、大使于彭，都已簽名。

我看了電報以後，本來不干我事，但心中忍不下去。我要仲泉兄緩譯。我去跟于大使說：「宏棉總經理電稱棉花已焚燬，趙秘書問他，他能說『不是』嗎？我們漁技團設在碼頭旁，上千包棉花，若真遭焚燬，我漁技團技師不可能不知道。上千包棉花的灰燼、濃煙，恐怕附近住家均受到影響，打個電話問一下漁技團，定可明瞭真相。」

我這種「好事」的習慣就是改不掉！慚愧。

我第二天由華僑公會副理事長關少堅兄用他的凱迪勒克送我去機場。大使館電報有沒重拟，我沒問。我國本來以「外交採購」、以高於市價三分錢美金的價格買宏國棉花，等到交貨時，棉花大漲了七分錢，宏棉公司玩「被焚燬」的把戲，明眼人一看便知。目的在多賺錢。趙秘書的作法，太過天真。可見唐大使之所以不肯讓他代館，並非意氣用事。

Chapter 5

一帆風順的曾憲揆大使

《論語》〈子罕〉篇中載：「子罕言利。與命、與仁。」孔老夫子都認為「命」由天所定，人力是無可如何的。

越南華僑回國在外交部服務的酈以貴兄，我任科長時，他在非洲司工作。我認為他的法語文程度不錯。但他報考外交官領事官高考時，法文主考官王季徵大使初試便不放他及格。結果，酈兄只能埋頭苦幹，最後以簡派參事退休。

我第一次在南非待了六年。公餘在南非大學進修。碩士過了關，讀博士（D,Phil et litt.）時，論文大綱也獲得Senate核准了。學費也交了，指導教授（Promoter）盧博士（Dr. Louw）也接談了好幾次，不料部令下來，調部辦事。只好放棄。第二次奉派到波札那任一秘，到任不久。再向南非大學申請復學，論文大綱也通過了，指導教授也指定了是耶魯博士Denis Worall。正要交學費時，波札那與中共建交，我們大使館關館，我也只好跟著大使下旗回國。又沒讀成。第三次奉派至斐京。一年後，又獲得南非大學核准復學，誰知部中還沒讓我在斐京待滿一年半，便調我去中美尼加拉瓜。我心想：命中注定我這一輩子不能讀博士，也只好作罷。自後，再也沒讀博士的想法。

曾憲揆兄湖北溪川人，全家信奉天主教。民國三十八年上海震旦大學畢業後，得到一位神父的幫助，獲得獎學金，赴西班牙馬德里大學政治研究所深造。迄民國四十三年，獲得碩士學位，在我國于斌樞機主教的協助下返國就業。

他也曾參加外交領事高考，初試西班牙文，胡世熙大使不給他及格。卻由在部中任科長的芮正皋先生向政務次長沈昌煥推介，進部任專員。派在護照科坐櫃台。他、我、和張貴祥兄，一同擔任對外接受詢問、接辦護照與簽證的工作。

由於兼通西班牙語和法語，我於民國四十九年外放時，憲揆兄乃由禮賓司第三科（護照）調到一科（交際）。他除了擔任一般禮賓工作外，還不時要到總統府和行政院任長官的西班牙語翻譯。也就是在四十九年，他和銓敘部長雷法章先生的二千金雷文瑜女士結婚。

五十一年三月，憲揆兄晉升為交際科長，三年後，又晉升副司長。升遷之快，創造了部中紀錄。一年後，調駐西班牙大使館參事。（簡任官）那年，我還是二等秘書（領事）呢！

五十九年五月，憲揆兄終於當上了駐玻利維亞大使。六十四年轉任駐巴拿馬大使。直至七十六年六月，才調回國內，任外交領事人員講習所所長。我那時是駐約旦簡任十四職等代表調部任亞西司司長。當年我們是在護照科的哥兒們，有差不多四分之一個世紀沒碰過面！

憲揆兄在駐玻利維亞大使任內即罹患淋巴腫瘤，尚幸發現得早，經用化學藥物與射線治療，勉可控制。據說治療過程相當痛苦。副作用之烈，也非常難受。民國七十一年，再度發病，不得不切除脾臟，以防癌細胞擴散。

外領所是較為靜態的單位，憲揆兄先後任大使十七年，備嘗艱辛。罹患癌症，未嘗不是工作過勞、壓力太大之故。出任外領所長，本是部方給他一個喘息的機會。但他仍銳意工作，思有所建樹。豈料工作過勞，舊疾復發，而且不幸跌了一交，傷及腦部。經送三軍總醫院急救、療治。爭奈癌細胞已大量擴散，醫藥罔效，於民國七十六年十二月二十一日與世長辭。遺下夫人與子女四人。長女公子已出嫁。次女與兩位公子尚在求學中。

老長官王之珍大使知道我和憲揆兄曾同科辦事，特囑咐我為憲揆兄寫了一篇「生平事略」，供開弔時分發之用。

記得有一位邱姓同事，憲揆兄任駐巴拿馬大使時，此公在箇郎任領事，憲揆兄給他年終考績是六十分。這位邱領事大怒之下，血壓急速上升，全身發黑，急送醫院救治，總算撿回了一命。其人曾是我任科長時的科員，自視甚高，目無餘子。憲揆兄給他考績丙等，應該是合情合理的。由此也可見憲揆兄秉公處事。他之升遷快，可以說是命，也可以說是他努力的結果呢！

Chapter 6

救人千萬的何鳳山大使

民國四十六年六月，我剛進外交部工作，派在禮賓司護照科任薦任科員。當時，外交部的辦公室設在博愛路，是借用台灣銀行的房子。

一進大門，當中擺了一張桌子，那是門房老周的「寶座」。進門往右，是總務司出納科。往左，便是護照科的櫃台。

櫃台最前面有兩位同仁，一位是專司詢問、收發文件的薦任主事錢啟超。另一位是出納科派在我們護照科專司收取規費的薦任主事卞壽昌。我和台大同屆畢業的張貴祥兄兩人，兩對面兩張桌子，緊坐在櫃台後。

卞壽昌先生其時已年近六旬，頭髮有點花白。他總是西裝筆挺，襯衣雪白，領帶別針，一樣不缺。頭髮上抹的是英國雅禮牌頭髮蠟，梳得十分整齊、服貼。有時還噴上一點可侖水。他操一口揚州口音很重的國語，經常口沫橫飛，向我們這些初進部的「後生小子」，大談他當年外派在駐埃及大使館、追隨大使何鳳山博士的一些輝煌事蹟。

他說：「何大使留學德國，取得博士學位。德語文的造詣，外交部裡沒有人趕得上。英語文程度也是『呱呱叫的』，『沒得話說！』」（他最後兩句是用道地的揚州話說的，頗有加強語氣的效果。）

他特別提及何大使在維也納任駐奧地利大使館一等秘書代理館務時，拯救了成千上萬猶太人的故事。

據老一輩的同仁說，第二次世界大戰前，何鳳山博士任職駐奧地利大使館一等秘書代理館務，大約是民國二十七年左右。德國由希特勒領導的納粹政權大事迫害境內的猶太人，由德國而擴及到奧地利。猶太人紛紛申請外國簽證，逃去外國避難。一九三八年七月國聯（有如今日的聯合國）召集了三十八個國家在法國的艾維安（Evian）集會，討論猶太人難民問題，未有結論。之後，英國駐維也納領事館停止發給猶太人赴英簽證。法國隨即跟進。猶太人走投無路，紛紛轉向中國大使館申請簽證。何鳳山代辦基於人道考量，認為不宜拒絕，盡可能予以通融。於是猶太人好似溺水的人抓到一塊木頭，像潮水一般湧進中國大使館，申請辦赴華簽證。數目十分驚人。

「那時候，我們駐維也納大使館真可說是門庭若市，天天都有大批猶太人排隊申請簽證。人頭攢動，黑壓壓的一大片。（其實猶太人的頭髮並不像中國人是黑色的。）好像我們三軍球場七虎對大鵬藍球賽時觀眾排隊買門票。可真熱鬧、緊張。」卞老說。

我說：「有那麼多人嗎？」

「那可不！」卞老駁道。「哪可是性命交關的事。拿到了簽證，便能逃離納粹的魔掌，逃離奧國。好似拿到了護身符，老命可算是有希望保住了。若是拿不到簽證，這條命可就仍握在納粹手中。只要納粹手這麼輕輕一捏，這條命可就報銷了！」（他這幾句話全用揚州話說的，十分傳神。）

「那時候！」卞老繼續說：「我們何大博士天天簽發簽證，簽到手酸眼花，從早到晚，沒有一刻停手。只要是他大筆一揮，就救了一條人命。那真是，乖乖弄的懂，猶太人把我們何大博士看成了他們的救世主呢！」

想起中日戰爭時，後方逃難的情形，難民人潮洶湧，爭先恐後搶搭火車逃命。車門擠不進去，從車窗中也攢進去。甚至還有攀坐到車頂上的。卞老所說猶太人求簽證的情形，應該是真實的。

這時，我駐德國大使陳介（湖南人，曾任外交部次長），深恐何博士的簽發簽證給猶太人辦過了頭，可能會激怒德國的納粹政權，影響中德邦交。因而發電報給駐奧大使館，要求何氏停止發給猶太人赴華簽證。但陳大使非何代辦的直屬長官，外交部也沒有訓令何代辦停發猶太人赴華簽證，再鑑於每日申請簽證的猶太人實在太多，他們都是為「逃命」而來的，實在是不忍心置之不理。經再三考慮之後，何代辦繼續簽發給猶太人赴華的簽證。就這一個決定拯救了數以萬計的猶太人。據後來報紙刊出新聞：一九四三年以前來不及逃離德、奧的猶太人，幾乎全被納粹所殺害。

不久，何鳳山博士調部辦事。歷任幫辦、司長。抗戰勝利後，奉派為駐埃及大使。由他的步步高陞來評斷，外交部對於他的簽發簽證予猶太人一節似乎是採肯定的態度。

民國三十八年，大陸變色，許多國家與我斷交，埃及也不例外。外交部一時關閉了一百零駐外館處。駐埃及大使館也例外。

不久，何鳳山博士受命轉任駐墨西哥大使、而駐玻利維亞大使、駐哥倫比亞大使。

卞老告訴我說：「何大使辦事非常認真，他出任駐墨西哥大使時，鑑於西班牙語國家，如同法國一樣，假如一國的外交官不能說西班牙語或法語，而以英語作為溝通的工具，他便很難得到駐在國的尊重。何氏到任之初，即找了一位西班牙語老師，苦讀西班牙文，數月之後，便能和墨國官員談話、交涉。他駐墨西哥任滿後，接著，先後被派去玻里維亞和哥倫比亞作大使，部方便是看重他西班牙語文有相當造詣的原故。」

就在他任駐哥倫比亞大使時，館中一位孫姓秘書告他貪污數百美元。這位孫先生在駐菲律賓納卯領事館任副領事之時，便曾和另一位館員聯名控告館長貪污。公文呈到部長沈昌煥先生處，沈公看了，很不受用，命令人事處將三人全部調部辦事。

我退職後曾受聘到檔案資料處審閱舊檔案，包括若干「控案」。一般說起來，控案多由主管人事的次長控管。結案時，呈請部長過目。部長對於主管次長的意見，大都予以尊重。不會作更改。所以，若是當事人曾得罪過次長，他的處境是會比較辛苦的。當時，掌權的次長是楊西崑，他從常務次長再升任政務次長，掌握「生殺大權」十數年之久。

我看過的控案中，有好幾例，經當事人向部方申覆說明之後，便予結案。也有當事人承認一時疏忽，把所挪用或虧空的公款補回後，外交部便不再予以追究。部內長官，大都不願「嚴辦同仁」。能大事化小、小事化無，既可讓當事人有一個改過自新的機會，也可省去許多想不到的煩惱。但若控告者把控狀連同「證據」「證物」逕呈監察院或法院，監察委員和檢察官由於職責所在，便不得不弄個水落石出。對於被控者言，其結果是很悲觀的。

小時讀《論語》，有一位弟子問「為政之道」。孔夫子說：「先有司，赦小過，舉賢才。」一部內長官對於控案的態度，大都是遵從孔夫子的教訓：「赦小過」。那位孫先生控告何大使的案子告到了法院，還告到了監察院和行政院，整個情形便變得複雜了許多！結果也是非常令人惋惜。

我們常說：「救人一命，勝造七級浮屠。」何大使所救出來的猶太人，那是成千上萬的「命」。功德之大，等於造了成千成萬的七級浮屠。區區數百美元，和千萬條生命相比，實在不成比例。何況孫某所告，也未必是事實。即使是事實，也不過是雞毛蒜皮，「赦之可也」。糟糕的是孫某把控狀也遞給了監察院。監察委員辦案是獨立的，連監察院長都不能干涉。於是造成了悲劇。何大使結果受到了處分。

據一些同仁的判斷，認為小人不要得罪。何大使可能是御下稍嚴，使那位孫先生懷恨在心，告到監察院、告到行政院、蔣經國先生處。據我的判斷，這件事大概不會是長官的迫害，同外交部長的關聯都不大。至多是主管次長沒有大力幫忙。

然而，何大使救人無數，福緣深厚，西元二〇〇〇年，以色列政府特頒贈何大使國際義人（Righteous Among Nations）勳章，表揚並感謝他救助猶太人的義行。何大使已仙逝多時，由他的子女前往以色列代為接受。

何大使活到九十六歲，他的子女也都非常有成就，這未許不是和他的功德有關，正是佛家所說的「善有善報」。何大使的公子何曼德博士研究干擾素聞名全球，名列美國名醫榜。他也入選中央研究院院士。都足以告慰何大使在天之靈吧！

Chapter 7

司長簡派的鄭健生大使

筆者於民國七十五年五月，由駐約旦簡任十四職等代表轉任亞西司十二職等司長，任命令上註明：「十四職等任用資格予以保留。」依照外交部以往的慣例：司長任滿外派，都是特任大使。但大使回部轉任司長的，卻實在不少。作大使，只處理對駐在國一國的事務。任司長，例如，任亞西司司長，卻要處理對亞西整個地區國家的關係。好似常務次長，官階雖不過簡任十四職等，駐外特任大使還得受他的節制。所以說：司長在外交部是十分有分量的職務。

劉達人博士由總務司長外派為駐賴索托特任大使，他是最後一位派任特任大使的司長。非洲司司長鄭健生先生派到史瓦濟蘭，卻是簡任大使。他是由司長派為簡任大使的第一人。

健生兄廣東揭陽人，民國三十八年，中央政治學校外交系畢業。在部中，他以才華橫溢、公正廉明著稱。他雖是廣東人，說國語卻是十分用心，「咬牙切齒」，頗有京片子的味道。聲音宏亮，尤其是理直氣壯的時候，隔一堵牆都可以聽得見。他的兄弟鄭健平和筆者是台大政治系的同學，比筆者低兩班。

健平兄瘦高個子，英俊瀟灑。在校中素有「俠」名。同學若在校外有遭受到不良少年的恐嚇或訛詐，只要求他出面，一定能擺平。但他平時卻溫文儒雅，完全不像「身懷絕技」的人。他讀二年級時，有一位交換教授美國耶魯大學的陶遂博士開了「憲法原理」課程，二年級是必修。因為陶遂教授是用英語講課，由政治系助教馬漢寶學長口譯。筆者雖讀四年級，但為了加強自己的英語文能力，也選修了陶遂教授的課。因此和二年級的同學便多有接觸，和健平兄常有往來。後來筆者進了外交部，不久，健平兄也考進了外交部。而且，我們同住在外交部北投公館路十三號的新華宿舍。其時，健平兄已結婚，筆者也是，我們的臥房都在二樓，房門對房門。鄭伯母蔡太夫人也住在新華。健生兄卻外放了。

民國四十二年筆者考取外交領事官高考，四十三年到外交部實習時，部長是葉公超先生，健生兄任部長秘書。之後，健生兄轉任副司長（幫辦），外放任駐聖保羅總領事，筆者四十六年進部任薦任科員，時常聽到同仁談論：一般館長都嫌公費太少，健生兄卻常有節餘公費交還部方。

由於健生兄的幹練、公忠體國，後來調到當時工作最吃重的駐美大使館任參事，掌理政治組。使館內共有政治、經濟、文化、軍事、總務、會計、和秘書等七組。經、文、軍三組組長，分別由經濟部、教育部和國防部派員擔任組長。其餘四組均由外交部所派同仁掌理。總、會、秘三組只管大使館內部作業，最繁重的是專門辦理對美國國務院有關外交交涉的政治組。

蔣廷黻先生民國五十一年元月就任大使後，採用幕僚長制度處理公文。他只管外交，次要的交涉，他都批由公使江易生處理。而且事後都不必「呈閱」。他自己親擬的中英文稿，還交由江公使和鄭參事過目，要他們表示意見。他們若有意見，可持原稿面見大使商議。稿上若有別字，蔣大使吩咐：「可直接改正。改了，也不必再拿來看了。」

江易生公使不久調任駐薩爾瓦多大使，公使由沈錡先生接任。蔣大使要沈公使和他一起處理兩國間外交上的重要交涉。至於次要交涉，館中大小事務，「一併交由政治參事鄭健生兄處理，逕予簽發，不必另呈閱。」

蔣大使知人善任，他知道鄭參事有能力，所以放心的把整個館務交給他。大使自己只管重要的外交。

健生兄在部裡一向以「據理力爭」出名。他在駐美大使館任參事時也一樣。有一次，那是一九六三年七月某日，他命大使館三等秘書周谷和雇員馮景江到大使館漏夜加班。次日，要周、馮二人依規報加班費，但江公使批示：「嗣後未經奉准，不得加班。此次姑予發給誤餐費二元，下不為例。」

鄭參事看了，大為光火，跑到公使辦公室和江易生公使大聲理論。最後三秘曹志源兄（前中央日報社長曹聖芬之姪）出來打圓場，把原批示收回，另以「奉諭，請發給周秘書谷、馮雇員景江七月廿七日加班誤餐費各二元。此致。會計室。秘書室。曹志源謹上。八月二日。」便箋代替。

但周秘書固然賭氣沒有去領這兩塊錢，馮雇員也沒去領。

筆者任科長時，健生兄接替殷惟良先生任非洲司司長。不久，筆者外放波札那任一秘，行前曾邀請部中有關長官午餐辭行，健生兄也在受邀之列。那是我們最後一次見面。

波札那是筆者任駐約翰尼斯堡總領事館副領事時建立關係，終於達成建交的國家。到任後，當年那些舊識，都已是政府新貴。但波札那和我國的關係，在只當過科長而由楊西崑次長大力拉拔的大使劉新玉經營之下，似乎正漸行漸遠。健生兄是非洲司長出身，深知南非三邦——波札那、賴索托和史瓦濟蘭——關係密切。若一國對我關係有不妥，可能影響到其他兩國。他到任不久，風聞中波邦交有鬆動現象，親函給我問一個究竟。他說：

「日前（駐賴索托大使）劉達人兄來史小住，談起波札那有與中共建交之謠傳，賴、波、史三國唇齒相依，其中一個有三長兩短，可不是鬧著玩的……」

常言道：無風不起浪。筆者也只好將實情回覆了他。他的書法別具一格，但四方端正，一筆不苟。那封信我至今仍保留著。

就在筆者復函寄出不久，健生兄卻發生了車禍。

多年來，我國在葡屬東非莫桑鼻給的首府羅連士麥設有總領事館。總領事由駐南斐約翰尼斯堡總領事兼任。總領事館平常無人。莫桑鼻給獨立後，羅連士麥改名馬布都，總領事一職，改由我駐史瓦濟蘭大使兼任。

民國六十二年四月，健生兄就任駐史大使，兼駐馬布都總領事。七月十二日，他由史京墨巴本赴莫三鼻給到任，大使館一位三等秘書開車，可能是趕路，車速太快，健生兄既未繫上安全帶，而車門又都未上鎖，加上路況不佳，汽車出事翻覆。健生兄被拋出車外，後腦不巧碰到岩石而破裂，當場殞命。

史瓦濟蘭國王索布胡沙二世得到噩耗之後，下令全國降半旗「為鄭大使致哀」。國內外交部也設了靈堂，供同仁與各界人士弔唁。

健生兄是外交部有名的幹才。清廉、公正、反應快捷，言詞便給。他曾經是外交部最年青的幫辦（副司長），第一位把館中結餘的經費繳還外交部的館長。卻是第一位外放為簡任大使的司長！也是第一位在非洲因翻車而殉職的大使！

民國六十七年筆者由南斐到紐約，曾探望健平兄。其時，健平兄已離開外交部，在紐約開了東京日本餐館、北京中國餐館和一家酒吧。我們在北京餐館午餐，談起健生兄的英年早逝，悼念不已。

筆者常懷疑老天爺不公！好人多死得早。但願好人都能直登天國，無憂無慮，平安、永生。

Chapter 8

「才」大氣粗的時昭瀛大使

讀大學之時，筆者好讀《學生英語文摘》。其中多有時昭瀛的作品，筆者最愛背誦。民國四十六年進外交部工作，時公已貴為次長。筆者沒有機會和他接觸，但從老一輩同事的口中，倒也略知一點他的逸事。

民國三十八年外交部同仁由廣州專機播遷來台，代理部長葉公超下令：除公務外，私人物件一律不得帶上飛機，時昭瀛時任司長，並承代部長之令主持撤退來台工作。有人拍代部長馬屁，將葉公私人的兩支名貴獵槍帶上飛機。時公問明不是公物，立即叫人搬下飛機。葉代部長不但沒責備他，一行人抵台後，葉公真除部長，他把時公升為次長。

據說：有一天，時次長擬了一個英文稿，長達三頁。稿呈到部長葉公超先生處，葉公看了，只改了一個字。稿退給時次長，時公看到改了一字，甚為不滿。為了說明他用的哪一個字是正確的，他寫了兩頁的理由，連同原稿再呈給葉部長核。葉部長十分大度，當即同意照時公原稿，把自己改動的那一個字再改回來。

簡任秘書李芹根，湖南人，他是時次長的好友。因為，兩個人性格相近。李君從小在英國長大，大學一畢業，他的父親發現他英文雖好，中文卻太差，把他叫回國內。在上海「字林西報」任英文編輯。此公中文確不太好。俞鴻鈞先生任行政院長，報上稱他為「俞揆」。李君到護照科問他的同鄉宋昇平幫辦：「什麼叫俞揆？」宋幫辦給他解釋之後，他才「茅塞頓開」。

筆者也常讀到李芹根先生所擬的文稿：完全是道地英國式的英文，沒有一點中文的氣息。同仁有事要向時次長請示，他的辦公室大門是常開的。只有他和李簡秘商討英文稿的時候，他不讓外人打擾。

下班後，他們二人常連袂去吃個小館子，或到北投泡溫泉。

黃少谷先生繼葉公超先生任部長，時公外放中南美任大使。啟程前，他因心臟不舒服住進台灣大學醫學院附設醫院。主治大夫要求時公戒菸、戒酒。住院十來天，當然沒有菸抽，沒有酒喝。但他出院的當天，辦完出院手續之後，他迫不及待的到醫院合作社，買了一小瓶高粱，又買了一包「新樂園」香菸。一口氣把酒喝完。在點上一支菸，很狠的抽了幾大口，才離開醫院。

不久，筆者也外放到北非，半年後又轉調南非。在駐南斐約翰尼斯堡總領事館任副領事。在舊檔案中，筆者找到許多時公任駐約堡總領事時所親擬的英文稿，經予以打字、裝訂、彙成一冊，經常翻閱、參考。

聽約堡華僑說：時公好酒。曾任華僑學校老師的廖綱魯先生常拿〈五柳先生傳〉中的話形容時公說：「或置酒而招之。造飲輒盡，期在必醉。既醉而退，曾不吝情去留。」

陳以源先生繼魏煌孫博士任駐約翰尼斯堡總領事。有一天僑務委員會委員長高信先生來南斐訪問僑胞。總領事陳以源先生設宴款待。談話中，提及時公曾任駐約翰尼斯堡總領事，已仙去幾年了。他的英語文程度一流。所以，館中有些他擬的英文稿件，我們拿來作範本，另行打字、裝訂成冊，供隨時參考。

高委員說：他民國三十八年由廣州撤退來台灣，和外交部同仁共搭同班專機。當時，他是教育部次長，部長是杭立武先生。同仁爭先恐後上飛機，高「次長」和杭部長因非外交部職員，坐在候機室等候主管人員的安排。想不到時公竟對他們兩人大聲吼叫：「你們兩人還不上飛機，難道還要人請？這都什麼時候啦！」

於是，杭部長和高次長只得各自提著行李登機。但到了飛機上，已沒有座位。兩人正不知如何是好。時公和另外一位同事讓出兩個位子。杭、高二人不免客氣一番。時公又不耐煩，對他們兩人吼道：「叫你們坐就坐，有什麼好客氣的！」杭、高二人只有乖乖的坐下來。

高委員長說：「時次長的學問、人品，都是沒話說的。但他的脾氣可真太大了些！」

老一輩的同仁說：「時公是標準才子型人物。他的行徑有點像唐朝的杜牧。所謂才子，免不了好飲上三杯，寫點文章，但通常又都有寡人之疾。」

也通常有點脾氣的。不是嗎？

時公已仙逝多年了，筆者書架上還收藏有他翻譯的梁實秋先生所著的《雅舍小品》。還有一篇時公所著題名Taciturnity（沉默）的散文、我從《學生英語文摘》中剪下的。

Chapter 9

最好請客的于焌吉大使

在外交部的人事檔案中，一任大使作二十年的，只有駐義大利大使于焌吉。在外交部同仁心目中，于焌吉大使是一位傳奇人物。

民國五十年代，我國駐在義大利的有三位大使。第一位是由外交部長轉任的駐教廷大使沈昌煥。其次是駐義大利大使于焌吉。還有一位常駐羅馬的我派駐聯合國日內瓦辦事處的代表鄭寶南大使。鄭大使有一位愛人，乃是義大利籍的伯爵夫人。夫人非常富有。義大利人大都是天主教徒。天主教是禁止離婚再婚的。所以，她和鄭大使二人，雖同住一個大廈，但一個住樓上，一個住樓下。外面是分開的。裡面卻是互通的（interleading）。那時，我國政府窮，外交官待遇少得可憐。但若到鄭府赴宴，你會發現，他們用的是全套英國Spode瓷器、法國Christofle銀器、奧地利Riedel水晶玻璃杯盞。地下鋪的是波斯地毯，客廳牆壁上掛的是名貴油畫，擺的是純皮沙發，吊的是水晶吊燈。總之，十分豪華。但那都是屬於伯爵夫人的。

當時，部內同仁流行說：我們駐義大利的三位大使：一位管天上的是駐教廷大使。一位管人間的是駐義大利大使。一位是不曾向梵帝岡或義大利政府呈遞過國書的地下大使。

于焌吉大使出身天津大地主家。出手十分闊綽。抗戰時期，他曾陪同蔣夫人到美國演講募款，而深得夫人的信任。他一生都喜歡「座上客常滿，樽中酒不空。」他原派在美國，任駐紐約總領事，一任達十年之久。由於他好客的個性，十年下來，他虧空了近十萬美元。據說後來是上峯替他埋的單。

接任駐義大利大使後，他的本性當然絲毫未改。凡是經過羅馬的國內長官，或富商大賈，甚至一般同仁，農耕隊員，他沒有不招待的。不但請吃飯，還作嚮導陪客人逛街。而宴請駐在國官員，外交團同事，更是不在話下。大使館經費有限，當然無力負擔。于大使不免賒帳請客，借貸度日。

據說館中有一位姓林的主事（還是雇員？忘記了），精通義大利文，也非常熟悉當地的風俗習慣。甚得于大使信任。假如今天晚上大使請客，他參預，他早上只喝一杯咖啡，吃一片麵包，中午不吃東西，晚上才大吃特吃。他省下的錢，因為沒結婚，沒子女，完全沒負擔。在于大使任期二十年間，他買了兩戶公寓。一戶自己住，一戶出租。而于大使由於慷慨過頭，早已債台高築。

北京的市區以「環」來標示。譬如說：市中心一公里以內為一環，二公里以內屬二環。然後三環、四環、五環。于大使請客，經常賒帳。先從大使館五百公尺以內的餐館賒起。賒到後來，五百公尺以內的餐館都把中華民國大使館列入拒絕往來戶名單中，大使館再也賒不到帳，於是大使便從「第二環」的餐館中賒帳。等到第二環內的餐館也不行了，于大使只好向第三環的餐館下手。

賒到後來，于大使若要請客，得走好幾公里路才行。

由于大使的海派作風，館裡經費上午才收到，下午便分文不剩了。館裡的電話線經常因為不能及時繳費而被切斷。一輛座車，老舊不堪，開上路，險象環生。除了喇叭無聲外，到處作響。二十年大使作下來，于大使已感筋疲力盡，最後還是調回國內。

背著一身債，回到台北。正不知要如何生活，僥倖他遇見了在重慶時代外交部的同事黃朝琴先生。黃公曾任我駐舊金山總領事，駐加爾各答總領事。他任情報司幫辦（副司長）時，于焌吉係條約委員會委員。對黃朝琴很照顧，兩人私交甚篤。黃公在抗戰勝利、台灣光復之後，外交部派他為特派員到台灣，負責接收工作。他原是台灣人，家有土地上百甲。他曾任台灣省議會第一任議長。和友人合資在台北市中山北路二段開設了國賓大飯店。饒有資財。他看到老長官于大使已是孤老頭一個，貧病交迫，乃讓他住進國賓大飯店，免費供應他吃、住。一直到三年多以後，于大使辭世。

于大使風度翩翩，能言善道，長于外交，平生作事，以瀟灑大方出名。他的一生，多彩多姿，在中國外交史上，別樹一幟。他的慷慨好客，至今猶為部中同仁津津樂道。

Chapter 10

同仁佩服的楊西崑大使

民國三十九年，我時讀大二，因為愛好寫小說，參加了中國文藝協會的「小說研究組」，在李辰冬、趙友培、王夢鷗、高明、葛賢寧等幾位教授指導之下，學寫小說。後來進入外交部，國內國外的跑，雖然閒暇之時也有一些小創作，但興趣卻轉到了文學史，曾就唐代傳奇小說，用研究社會科學的眼光，寫了一系列的論文。在中華文化復興月刊中發表，最後集成《唐代傳奇研究》一集、續集兩本書。從而將新舊唐書也讀過了好幾遍。

去歲，幾位愛好唐史的好朋友聚在一起閑聊，我提出一個問題：依據《新唐書》的（宰相世系表）中所列，唐代宰相共三百二十八人。哪一位宰相最令人佩服？

於是有的說「房（玄齡）、杜（如誨）」，有的說「魏徵」。有的說「姚（崇）、宋（璟）」。一位曾經擔任過政治系教授多年的同學說：「假如說『敬、佩』，房、杜、魏、姚、宋、乃至於斐度等良相，都值得敬佩。若只說『佩服』，我最佩服李林甫。他能任宰相達十九年之久。固寵市權，欺蔽天子的耳目。殘殺異己，口蜜腹劍，無惡不作，人卻抓不到他的狐狸尾巴。而且當時的天子唐玄宗，且係英明之主，李林甫卻有機智、有能力，一手遮天，把唐明皇耍得不亦樂乎。皇太子都好幾次險被他害得性命不保！若非上智之人，安得如此。你能不佩服嗎？」

但我說：「我佩服劉晏。我佩服他，因為他深通人性。」

據說劉晏買馬，不看馬的毛色，而注重馬的負重與健行。漂亮的馬未必能負重致遠。我們常說「秀外慧中」，青年人談戀愛只找漂亮的小姐，豈不知「蛇蠍美人」正多的是。唐代宗時，劉晏任諸道鹽鐵轉運使，原第五任鹽鐵使時，鹽鐵歲入錢六十萬貫。代宗大曆末年，劉晏已將是項歲入增加到一千二百萬貫。而且「人無厭苦」，其時，大兵後，京師斗米千錢。官廚無兼時之積，禁軍乏食。劉晏致力改善漕運，「每歲漕送米數十萬石於關中。」從此京師便不缺糧。他的漕運辦法，自修建船隻起，原來漕運所用的船不夠堅固，經過汴水至黃河，河水汛急，一船一千石，一不小心，船破米沉，劉晏初議造船，每一船用錢百萬，或曰：「今國用方乏，宜減其費，五十萬猶多矣。」劉晏說：「不然。大國不可以小道理，凡所創置，須謀經久。船場既興，即其間執事者非一，當有贏餘及眾人。使私用無窘，即官物堅固。若始謀便削，安能長久？」（《唐語林》卷一〈政事〉）

他為顧及船的堅固可靠，預算特高，即使執事者揩點油，也不會影響材料的堅固。他真是深通人情。

今年元月，幾位退職大使聚在一起賀年、會餐、閒聊。有一位大使問：「我們歷經過好幾位次長，哪一位次長最令人佩服？」經過激烈辯論之後，我們的結論是：楊西崑。只是我們佩服的理由各不同。我佩服他的理由是：他「深通人性」。

有一位大使說：「不是聽說你曾經頂撞過他，被他打壓嗎？」

我說：「主要的是我們意見不合。且聽我慢慢道來。」

那年我追隨他到嘉柏隆里出差，我們住在農業部長左貝貝家。飯後我和他聊天。那時，我是副領事。

我說：「王××在南美任大使時，一清如水。」

他說：「可他也一事不辦？」

我說：「劉××在某國任總領事時，駐在國朝野都稱讚他。華僑也都喜歡他。」

他說：「他只會作人。他現在在部內任司長。中文、英文，沒有一樣拿得出去！」

於是我引用司馬光的話說：「司馬光說：德高於才的是君子，才高於德的是小人。」

楊次長突然發怒說：「這都是什麼時代啦！還什麼司馬光、司馬暗的！我們需要的是會做事的人。」

我當時很不服氣。若干年後我讀了《呂氏春秋》、《淮南子》等書，覺得孔子「赦小過」的話才是正確的。「尺木必有節目，寸玉必有瑕疵。」不是嗎？人也一樣。三國時，曹操便曾學漢武帝，三次徵求跅弛之士。也就是「實有才能，但品德有虧，如受金盜嫂之徒」。楊大使深通此道，我佩服。

至於大家佩服他的理由，有下列幾點：

第一、楊西崑既沒經過特考，也沒考過高考。還沒在部裡作過科員、專員、科長或副司長，而是從我駐聯合國常任代表蔣廷黻的助理，空降調部接任亞西司司長。再改任非洲司司長，旋即升任常務次長，再升任政務次長。堪稱長袖善舞，一帆風順，仕海得意。你能不佩服嗎？

第二，通常政務次長和部長同進退。新部長上任，原政務次長大都調任駐外大使。但楊西崑歷經沈昌煥、魏道明、周書楷、沈昌煥、蔣彥士等五任部長，他的政次地位，屹立不搖。似乎五任部長，都得倚他為左右手。你能不佩服嗎？

第三，他以次長的職位，掌理外交部人事大權達十九年之久。他認為「用人唯才」，才能網羅英傑。首先，他從部外找來徐懋禧、蔡元、柳鶴圖、馮耀曾、陳泉生等人，把他們放在大使的位置上。科班出身，他認為是人才的，也特別提拔。像劉新玉，盧明惠、王國銓等。當然也有許多見風轉舵的同仁，自動歸到他的麾下。於是所謂「非幫」，水到渠成。聲勢浩大，銳不可當，你能不佩服嗎？

第四，我們派在非洲的大使，大都是經過楊西崑精挑細選的親信、人才。但我和非洲各國的雙邊關係，似乎每年還必須靠他前去非洲逐國訪問、一數二數的向對方的當政者送錢，才能維持。因此，我們楊次長便混到一個「非洲先生」的美名。相形之下，那麼多駐非大使不免黯然失色。你能不佩服嗎？

第五，一般說起來，大使都是特任官。政務次長只不過是比照簡任十四職等。楊西崑以十四職等的簡任官，他卻能假藉部長的名義，讓特任大使們對他服服貼貼，沒有兩把刷子行嗎？

第六、威權時代，除了于斌和田耕莘以外，誰都怕戴紅帽子。（于、田二位是樞機主教，他們戴紅帽子是名正言順的。）而楊西崑是共產黨員出身。他讀大學時已是很活躍的左派分子。美國國會圖書館中文雜誌編號第二四五三號的「防共月刊」第二期，民國二十六年一月一日出版，其中有一篇題名〈國立北京大學共黨一瞥〉一文。上面記載著：

社會科學研究會，每週開會五次。開會時請校內外左傾教授出席指導。該會非但研究性質，舉凡北平市共黨背景之團體，發言標準、活動方向，悉由該會決定。例如學聯及民族解放先鋒隊，歷次對外宣言，及一切與共黨有關係之集團，如需對外發表宣言，類由該會起草。再由各該組織中斟酌修改與補充。現該會的主要分子李守權、（經濟系學生斯派）于仁和、（同前）姜維坤、（外國文學系學生斯派）田鳳章、（文學系學生斯派）方銘竹、（中國文學系學生斯派）于僅、（同前）王克晟、（外國文學系學生斯派）楊西崑、（外國文學系學生斯派）王良池、（教育學系學生斯派）張書柱、（中國文學系學生斯派）王左興、（同前）王威瑜、（教育學系學生斯派）沈啟元、（中國文學系講師斯派）龍濟雲、（物理系教授斯派）何霖德、（化學系助教斯派）張嘉德、（圖書館圖書閱覽股股員斯派）曹遠、（秘書處出版組組員斯派）。

曾任政務次長的房金炎博士，在任駐尼加拉瓜大使時便曾揭發其事。房兄深諳日文，他還曾提出日人波多野乾一所著的「中國共產黨史」作證。但這些紅帽子對楊西崑都沒有發生作用。仍能在宦海中一帆風順。你能不佩服他嗎？

第七，宋代大臣曾有言：作長官的要「恩出於上，功歸於下」。如非洲法語系國家之所以和我國建立邦交，第一大功臣是法國留學、和新興法語非洲國家的領袖們不是同學、便是校友的陳雄飛博士。周書楷先生任部長時，深明其中消息，因此把時任駐比利時大使的陳雲公（雄飛先生字雲階）調部任次長。又如南部非洲英屬三邦獨立後與我建交，同楊西崑完全沒關係。但這些建交的功勞，全記到他的名下去了。他的「恩出於己，功歸於己」的作風，居然能得到許多人的崇拜！你能不佩服嗎？

唐人詩中有云：「憑君莫問封侯事，一將功成萬骨枯！」真說得好。

Chapter 11

「回鍋肉」先生簡文思

民國四十六年六月，我進入外交部禮賓司護照科任薦任科員，四十九年外放。三年科員任期中，經歷了三位科長，第一位科長兼幫辦宋昇平先生，溫文儒雅。他奉派去美國任舊金山總領事館領事，後來定居加州，沒有再回部。第二位芮正皋博士，留學法國，任科長不久，改專任禮賓司幫辦。第三位科長簡文思先生，民國前三年九月二十五日出生於重慶。民國二十一年中央大學政治系畢業。二十四年第三屆高考外交官領事官及格，同年進外交部任薦任科員。民國四十八年年底，由歐洲司調禮賓司任幫辦兼護照科長。其時，簡公已年逾五十了。

同時在護照科任薦任科員的周谷兄，在他的所著《外交秘聞》一書中說：「簡文思是中國外交界一位崇法務實、盡忠職守、勇於任事的外交官。」我雖然和簡公共事不久，我很贊同周谷兄的「形容」。但在我的印象中，簡公是一位慈祥可親、毫無官架子，而且十分愛護同仁的好長官。但憑周谷兄所說他「崇法務實、勇於任事」八個字，一般人一定能肯定：此公不事逢迎，不善權變，他的前途可能有限吧！

這真是官場的悲哀。周谷兄大作篇名是〈簡文思參事一生領事〉。換句話說，簡公做了一輩子的外交官，他所承辦的只有一件事：領事事務！原因正如周兄所說：「簡在任內，嚴格崇法務實，常不為他的長官所喜。」據我所知，黃少谷先生任外交部長時，曾在部內動員月會中，公開讚揚過「簡幫辦奉公守法」。可見還是有長官「識貨的」。

簡公不但為人忠厚、公道、文筆也很好。科中一位同仁，接到預備軍官教育召集令，一時疏忽，未能按時報到，兵役當局拟向司法機關提告他逃避兵役。簡公為他以外交部名義擬了一個申覆的公函，敘理詳切。兵役當局收到公函後，始以「免予議處」結案。

簡公民國三十五年任駐泰大使館一等秘書。到任後，李鐵錚大使命他承辦領事事務。泰國華僑數以百萬計，中華總商會、中華會館之外，還有九大會館、十大同鄉會、報國善堂等等。簡公周旋其間，應付裕如，一任竟待了十二年之久。於民國四十六年調部工作。旋即，任禮賓司幫辦（副司長）兼護照科長。

民國四十九年，簡公二度外放，任駐多明尼加大使館參事，仍兼理總領事事務。五十二年，平調駐菲律賓大使館參事，兼駐宿務領事館領事。在任時，馬尼拉公理報稱讚簡公，說他是「一位能獲得僑界好評的領事官」。

民國五十五年八月簡公以參事回部辦事身分重操禮賓司幫辦舊職。不久，外放駐委內瑞拉大使館參事兼理總領事事務。四年後，老長官孫碧奇任駐菲律賓大使，他深知簡公忠誠篤實，請求部方將簡公再平調去駐菲律賓大使館任參事。調來調去，都是同一個職位。因此外交部老一輩的同仁笑他吃「回鍋肉」。簡公自嘲說：「本是四川人，回鍋肉是川菜中的一道名菜。平常確好吃回鍋肉。」於是欣然接受了「回鍋肉」的外號。

民國六十年十二月，孫大使調任。次年二月，簡公也奉命調部。其時，他已六十四歲了。再回部作「回鍋肉」，不如提早一年退休吧。於是決定告老。

二十餘年來，簡公總是徘徊在幫辦與參事和兼理領務職位之中，完全沒有升遷。他的中央大學老同學周書楷說他：「你人太好了，所以吃虧。」周書楷第二屆高考外交官沒考上，後來，從駐英大使館學習員開始，一帆風順，一直升到外交部長，簡公三屆外交官高考及格，最大的官位不離副司長、參事。真是太吃虧了。他在兼宿務領事之時，駐宿務館中一位孫姓副領事夥同主事，還聯名告了他一狀。當時部長沈昌煥先生一怒之下，將三人同時調部。那位孫先生後來追隨何鳳山大使，也大大的告了何大使一狀，不但使何大使丟了官，而且還使他遭到法院起訴。之後，孫某便辭職離開了外交部。

我和簡公，共事不到一年，他的正直、不苟、奉公守法，和絕無官僚架子科內同事沒有人不欽佩的。那一年孫副領事告他公費不清楚，我們這一些簡公的老部下，沒有一個人相信。

近讀《宋史・司馬光傳》史家稱讚溫公說：「一旦起而為政，毅然以天下自任，開言路，進賢才。凡（王安石）新法之為民害者，次第取而更張之。不數月之間，刬革略盡。海內之民，如寒極而春，旱極而雨。如解倒懸，如脫桎梏，如出之水火中也。」

溫公於哲宗元祐元年九月去世。紹聖初，約八年之後，姦臣周秩、章惇、蔡卞等便說他誣謗神宗（哲宗之父），請「發冢斲棺」。哲宗雖未准，但仍同意「奪去贈謚，朴所立碑」。且「追貶崖州司戶參軍」。行政院長貶成一個縣政府的科長了。

大忠臣像司馬溫公還會被姦臣誣告得罪。簡公崇法務實，為孫某所告，也就可以置之一笑，心平氣和了。

第二篇

大大使、小故事

民國五十九年元月二十二日，筆者（左一）陪同史瓦濟蘭總理馬可西尼親王（左二）和財政部長墨西比拜會陳以源（右二）總領事。

Chapter 1

神槍射手的芮正皋大使

我剛進外交部不久，部裡流傳著駐泰大使館秘書程時敦打虎的故事：據說清邁府某山中出現了一隻金睛白額虎，兇狠異常，危害人畜。當地狩獵專家聞風色變，沒有人敢輕捋虎鬚。泰王十分懊惱。泰外交部長某日晉見泰王，提起中華民國駐泰大使館秘書程時敦係精於狩獵的神槍手，泰王聽了，立即召見我駐泰大使，敦請程秘書到清邁一展身手。

於是程秘書全副武裝，帶了兩把獵槍入山。守候了三天，終於找到了白額虎。程某十分沉著，擺開架勢，瞄準老虎。砰的一槍，老虎應聲跌倒。近前一看，這一槍正好擊中了老虎的前額。一隻兇猛極惡的老虎，一命嗚呼了！

然後，曼谷各大報紙紛紛刊出程某人一槍斃虎的消息。泰王親自召見程秘書嘉勉慰問。說故事的人繪聲繪影，說得比「水滸傳」中的武松打虎還要精彩。我當然信以為真。後來有同仁對我說：「假的。」程時敦先生江西新建人，想像力非常豐富。中、英文程度都是一流，一手毛筆字也寫得有模有樣。更擅長說故事。

但外交部還真有一位神槍手，他曾獵殺過獅子、野牛、大象、野豬、羚羊等。據說還曾擊斃一頭撲面進攻的獅子，救了王季徵大使一命！

他便是留法博士、生活多彩多姿的芮正皋先生。

芮博士浙江人，民國八年八月八日出生。我進部在護照科任薦任科員時，他原在歐洲司工作，我們的科長兼幫辦宋昇平先生外放美國，芮公以禮賓司幫辦身分兼護照科長。成了我的直屬長官。芮公生就一副標準外交官身材：高矮適度，皮膚潔白，骨肉亭勻，五官端正，架一副金絲眼鏡，舉止從容，談吐文雅。而且語文天才奇佳。法語一流不說，英語也能應付裕如。經常穿著雪白的美國箭牌（Arrow）尼龍襯衣，法國西裝，義大利領帶SWANK袖扣別針、瑞士BALLY皮鞋。我們同科的科員，莫不投以羨慕的眼光：將來我們外放任外交官，一定也要穿得像這樣。

話說民國五十一年，芮公奉派出任駐上伏塔（Upper Valta）（現已改名布吉納法索）大使。他認識了義大利駐上伏塔總領事安東尼（Antonio）。安氏酷愛打獵，二人趣味相投，立刻成了好朋友。每逢狩獵季節一開始，兩人便乘坐英國製的Land Rover四輪傳動Heavy Duty越野車，馳騁在非洲塵土飛揚、綠草無際的荒野中，追逐獵物。也因此，芮公練就了百發百中的好槍法。

或許讀者會問：如何百發百中？

有一次，一群立法委員到象牙海岸訪問——其時，芮公係駐象牙海岸大使——芮公為表現他的槍法，他吩咐他的公子啣著一枝點燃了的香菸，而他自己卻站在五公尺之外，一槍便把香菸打熄，掉到地上。目擊的那些立委們，莫不張大了嘴巴，大為震驚：「如此槍法，馬戲團表演的水準也不能更好了。」

芮大使退職後原定居台北。他和夏公權大使共同發起組織「卸任使節聯誼會」。每三個月，老朋友們聚餐一次，至今已十數年了。不久前，他和夫人移居澳洲。但聯誼會三位召集人名單中，仍列有他的名字。今年（二〇一一年）他已九十三歲高齡。九月間，他和夫人僕僕風塵，由澳洲回到台北參加我們的聯誼會聚餐。他看起來風采依舊，風度翩翩，毫無老態。一提起當年酷愛狩獵的那段經歷，芮公立刻眉飛色舞，動了起來。

他說：狩獵最要緊的是要沉得住氣。能沉得住氣，才能做出正確的決定，用心瞄準獵物。若一慌亂，不知所措，則定必為獵物所乘。輕則重傷，重則喪命。——這是勇。

其次是判斷。首先是要確定風向。將食指放入口中潤濕，然後高舉食指，那一邊感到涼涼的，便是風吹來的方向。要狩獵野生動物，必須處於獵物的下風。如此，人的氣味便不易被獵物發現。若處於上風，獵物聞到人的「異」味，早就逃之夭夭了。

而後是查察動物的腳印，從腳印的形狀，可看出來是什麼野獸。腳印上若蓋了灰，灰的厚薄，能顯現出獵物過去不久，還是過去很久。從糞便的乾濕度，草葉樹枝折斷的新鮮度，也能判讀出動物過去的久暫。而後以從足印所看出的野獸種類，該種野獸漫遊的速度，便能推算出它們大約在距離若干公尺外的地方。——這是智。

《論語・述而篇》中說：「孔子釣而不網，弋不射宿。」所以芮公也主張：懷孕的母獸，未成長的幼獸，或有哺乳幼獸隨在身邊的母獸，獵殺牠們是殘忍的，要盡量避免。——這是仁。由此可見，狩獵行為，也需要智、仁、勇齊備才可以。

雖說獅子是叢林之王，實際上，象比獅子更厲害。大象一發威，獅子只有逃跑的份。而且象經常是一群一群的。帶著小象的母象，尤其兇猛。一般人獵象，大都找年老、孤獨、脾氣十分惡劣的流氓象（Rogue elephant）。牠雖然比較兇，但通常只有一隻，沒有伴。比較容易對付。

野水牛也是非常危險的獵物。牠們多成群結隊。牠們集結一處，面向獅子時，獅子也不敢越雷池半步。牠們若成隊向前衝，獅子也得趕緊逃命。只有被獅子群起圍攻、而愴惶逃跑時落了單的野水牛，才是獅子獵殺的對象。通常都是兩三頭母獅合作，有的咬頸、有的咬腳、有的咬背，活生生把野水牛給咬死。

在非洲前後待了二十三年的芮大使，他的狩獵常識，可以寫成專書。他的第一個戰利品，竟是一頭單獨行動的老公獅子。據說：獅子大都是群居。一個獅群（Pride）中，有帶頭的幾頭母獅，一兩隻公獅，和若干頭幼獅。獵取食物則是母獅的工作。獵物到手後，第一個享用的卻是公獅。有些年事已高的獅子，被逐出獅群。牠們孤獨的生活。自己尋找食物。由於年紀大，筋力衰，牠們不容易成功獵取羚羊、野牛，有時便會找容易到手的人類。芮大使有一次獵殺一頭老公獅，鄰近村民知道了，都額手稱賀。因為，該村不久之前走失了一名兒童，村民們都認為那頭老公獅是兇手。那頭公獅死了，也為村民解決了一個大困難。

芮大使還擅長剝製獸頭。譬如野水牛，或者牛羚。他通常只取獸頭，把獸體全送給獵場附近的村民。獸頭，像野水牛頭，自獸體割開後，差不多還有三十多公斤。他用十分鋒利的刀，先從牛的後頸中央向前畫一刀，分開皮膚。再朝左右耳各畫一刀，在兩條角中間畫出一個Y字型刀口，然後慢慢的，將皮和肉分開。還要將附在骨頭上的肉全部細心剔除。經初步處理後，把皮、頭骨，交由快遞航空寄往美國，製作成標本，配上玻璃珠眼睛。將整個標本，固定在一塊木板上寄回。把製好的標本懸在客廳的墻壁上。看起來，真是栩栩如生呢。

芮公的記憶力也非常好。他回國時，陸以正大使請喝咖啡，他見到我立即想起我任科員時，曾和他比賽兩手同時寫字。芮公多才多藝，他能左右開弓，兩手同時寫正反字，也可以稱是一絕呢。

Chapter 2

英華內斂的關振宇大使

我所敬佩的長官，大致可分兩型：一型是腦筋清楚、反應快捷、言詞犀利的鋒芒畢露型，像蔡維屏博士。另一型是穩重如山、心平如鏡、言詞宛轉、態度從容的英華內斂型，像關鏞大使。

在外交部往例中，通常都是先在部中做過司長，再派出去任大使。楊西崑在外交部任次長達十八年之久，掌握人事大權。他以「用人唯才」為幌子，只要他心目中認為是「人才」

的，雖然只當過科長，便可派出去任大使。像劉新玉、陳泉生。

但在部中任過副司長而派出去任簡任大使的，房金炎兄因地緣關係，首開其例。他是由周書楷部長親手簡拔的。另一位由副司長派出去任大使的，是關鏞——關振宇大使。房金炎是部中有名的「幹將」。後來升任常務次長。再升任政務次長。關振宇先生則兩次任次長，三次放大使。他在同仁心目中是一位英華內斂的好長官。他們兩位真正是「人才」。令人尊敬。

我認識關振宇先生是五十七年年底，他奉派出任第一任駐賴索托王國大使。他帶了三等秘書韓知義經由約翰尼斯堡赴任。我時任駐約堡總領事館的領事，賴索托原係英國殖民地，名為巴斯托蘭Basotoland，獨立後更名為賴索托。我從民國五十五年開始經營巴斯托蘭、貝川納蘭和史瓦濟蘭，開著我的小福特，每地都訪問了近三十次，終於促成了三國獨立後與我建交設館。濮德玠先生是第一任駐波札那共和國（原貝川納蘭）大使。他帶了三等秘書李志強，經過約堡，我陪同他們去波京嘉柏隆里，把他介紹給外長恩瓦可，外次莫槐、農業部長左貝貝等一干老友，次日我返回約堡。關大使上任，也是由我陪同赴賴京馬色路，我把他介紹給外交部長查爾斯、莫拉坡、首相府秘書長C.M.莫拉坡（他是外長的長兄），司法部長帛帝帛帝酋長等，在當地藍氏旅館（Lencer's Inn）住了一個晚上，第二天回約堡。

此後，關大使和知義兄經常要來約堡，至少一個月一次——理髮：賴索托沒有理髮店。購物：約堡一地即有六七家大型百貨公司，馬色路只有小雜貨店。他們來約堡，大家總要見個面，吃餐飯。

不久，關夫人王嫒婷女士也來到賴索托。他們三位，都是自己開車來約堡。理髮或購物，每次來，我們總會聚聚。關夫人，出身世家，腦筋清楚，作事最能把握分寸。她一直是內人心目中的偶像。她也是我所認識最了不起的長官夫人中的一位。

關大使很文靜，對人誠懇友善。他從不亂發話，該他說話的時候，他總能滔滔不絕，說出一篇大道理。所以，雖然他來南斐不過一月一次，而且停留時間不長，南斐的華僑對他卻有很高的評價，很深的印象。

不久，我調部接任禮賓司科長。三年之後，外放波札那任一等秘書。才兩年，下旗回國。常次蔡維屏先生推薦我任亞西司副司長。

之後，蔡維屏先生外調，關大使調部繼任次長。

亞西司一向都由楊次長管轄，所以，我和關次長在公事上接觸的機會不多。但是，至少有兩件事，我非常敬佩他的作法。

第一，他常說：「除非不得已，最好能按時下班。因為次長若加班，秘書不能離開，工友不能離開，外交部大門不能關，守衛、門房，都不能下班回家。座車司機也是。可他們也都有家室，有子女，不能因為自己一個人而影響到他們不能及時回家吃晚飯，和家人團聚！」所以，他盡可能按時下班。體恤下屬的仁心，能不欽佩？

另外一件事：關次長接獲密報，說是部中司機，經常在地下一樓司機休息室聚賭——打沙蟹。賭博是萬惡之首，若不禁絕，後果將不堪設想。於是關次長找來司機管理員，警告他：次長將隨時下樓突擊檢查。若發現有人賭博，立即開除。請轉告各位司機。

果然，次長親自下樓突擊檢查過幾次。他離開辦公室下樓前，先大聲吩咐秘書，他要去突檢。而且讓工友也在旁聽見。十分八分鐘後，他才下樓。即使真有司機聚賭，工友勢必會偷偷警告他們。所以，被查到的情形完全沒發生過。而司機也真不敢再聚賭了。果然無預警而突擊檢查，若是查到了，難道真把參與聚賭的司機全開除？那是「不教而誅」！關次長的辦法，目的達到了，沒有一個人受傷。真是明智之舉。

民國六十五年五月，關鏞先生奉派出任首任駐南斐大使，吳子丹兄和我任大使館參事，隨同關大使赴南斐開館。

當時，我國在南斐的約翰尼斯堡和開普敦（Cape town）都設有總領事館。兩位總領事是羅明元和洪健雄。都是楊西崑次長最欣賞的同仁。

開館是很辛苦的事，找館址、找官邸、找同仁住屋，雇用當地秘書、司機、工友；購置辦公設備。差不多花了半年的時間才就緒。我們同仁，大使外，兩位參事、兩位秘書、兩位主事、武官，開始時都住在旅館中，辦公也是。找到住屋後，又忙著添置傢具，訂購汽車。南斐規定：豪華轎車，像法拉利、保時捷、賓士五百、Maserati等，因為管制外匯，即使有錢人也不能進口。若有特例進口，關稅是車價的兩倍。但外交官則可免稅進口。使用滿兩年之後，可自由賣出，不必補稅。是以常有駐南斐外交官進口豪華轎車，使用兩年之後賣出，可獲利以美金萬元計。而且完全合法。

關大使認為這種作為不值得鼓勵，是以大使館同仁購買的，都是南斐生產的車。

我們開館不久，賴名湯上將剛剛卸下參謀總長的職務，要到南斐來訪問。那時，南斐的國防部長是後來做過總統的（P. W.波達P.W.Botha）。我去拜會他，我對他說：「賴上將雖是卸了參謀總長的職務，這次卻是奉了我們總統之命到海外各國參訪，將來回去是要接任國防部長的。」（我沒有扯謊，這是當時往來的公文中寫的。）

波達部長非常友善，當即命令他的機要秘書，曾在我國復興崗受過訓的一位少校軍官安排接待。並且指派空軍總司令的座機供賴上將使用。人家坐汽車去天然動物園，我卻是陪同賴上將乘坐可容納十三位乘客的小型雙頭噴射機去的。我駐南斐武官馮紀上校隨行。

我們去開普敦（Cape town）也是坐專機去的。這都要歸功於關大使。他到任不久，便和南斐軍方建立了非常好的關係。

我在斐京一年半期間，關大使領導大家還做了一件很有意義的事。

我們在南斐開設大使館之初，關大使即和南斐最高研究機構的幾位首腦保持非常友好的關係。當時安哥拉正打內戰，影響到尚未獨立、由南斐託管的西南非（後來獨立為納米比亞共和國）的安全。南斐派有軍隊防衛西南非和安哥拉接壤的邊界地區。他們輾轉俘獲了若干枚蘇聯製造的導向飛彈。經過大使的交涉，南斐最高研究機構的支持，南斐政府同意送給我們一枚。我方派了三位專家到南斐，先將導彈的炸藥給蒸餾出來，再將彈體和導向系統分解裝箱，準備運回國內研究。但要如何交運？卻發生了問題。適逢我國到南極探險的研究船成功號經過南斐港口，停靠補給，準備返國。我們商得斐方的同意，很順利的把「貨物」裝上成功號，運回台北。不久，我們又向南斐要到一枚。我國研發展出各種飛彈，是否和這兩枚蘇聯導彈有關，不得而知。但這兩枚友邦的「禮品」，其中的導向系統，對我發展飛彈，相信具有若干參考價值。

當我在南非工作的那一段期間，南斐實在是一個好地方：安定、繁榮，而又氣候溫和，風景宜人；名之為福地也無不當。我政府派在南斐工作的官員，回國後步步高升的實在不少。我任參事之時，商務專員江丙坤兄，不久便升為經濟參事。而後回到國內，由國貿局副局長、外貿協會秘書長、經濟部次長、經濟部長、經建會主任委員至立法院副院長。上校武官唐飛兄，回國後歷任空軍官校校長、空軍政戰部主任、副總司令、總司令、參謀總長、國防部長，並於陳水扁總統的內閣中任行政院長。兩位參事，吳子丹兄曾任外交部政務次長。胡為真兄現任國家安全會議秘書長。當時的兩位三等秘書，酆郜兄歷任駐德班總領事、駐約翰尼斯堡總領事，而駐吐瓦魯大使，劉國興兄曾任駐巴林代表，都是政務官。我離開南斐之後，歷任駐宏都拉斯代辦，駐約旦十四職等代表、司長、駐泰國大使代表、駐約旦特任代表。由於年老多病，辭職返國。當初我們到南斐開設大使館，館員都是關大使振宇挑選出來的。由此也可以想見關大使有知人的能力。而在我曾任職館員的六個館中，關大使是修養最好、能力最強、學問最棒的一個職業外交官。

我們常聽人說：「一個成功的男人後面一定有一個賢內助。」對於關大使來說，這句話是十分正確的。關夫人是智慧型的女人，頭腦清楚，遇事沉著。而做什麼事都能把握分寸，恰到好處。我追隨關大使一年半，內人向關夫人著實學到了不少東西。可惜我的愚蠢，忤犯了一位小氣的長官，我在南斐只做了一年半參事便被調走了。

三年任滿，關大使再調部任次長，楊西崑由政次調駐南斐大使，我由尼加拉瓜調駐宏都拉斯大使館，先參事，再代辦，之後任駐約旦代表。在約旦一任五年，之後調部任亞西司司長。不久，關振宇先生調駐沙烏地大使。

我作了四年多司長，最後調駐泰王國代表、海灣戰事爆發，關夫人曾到泰國在我們家住了一些時候。我再度調任駐約旦代表時，關大使已退職，和夫人一起去了美國加州定居，和他們唯一的一個兒子團聚。他們和兒子已經幾十年沒有一同生活過，總算可以敘天倫之樂了。

「人生不相見，動如參與商。」杜甫的詩，對於外交部同仁來說，非常正確。我退休後，關大使曾回國兩次。夫人因為身體不適遠行，數十年未謀面了。願上帝保佑他們，祝他們幸福、健康、長壽。

Chapter 3

號稱孝子的劉恩第大使

外交部魏道明先生任部長時，曾有下令：部中同仁須學習三件事：打高爾夫、打橋牌、跳交際舞。

在泰國任代表時，我發現：泰國高層多好打小白球。代表邀宴，當地官員興趣不高。若邀請他們打高爾夫，四顆星的將軍、外交部次長以次的官員，大都欣然應邀。為此，我特地私人掏錢買了一個球證，經常於例假日邀請當地官員球敘，或於國內長官蒞臨時，邀打高爾夫球。每年十月，代表處舉辦「代表杯高爾夫球邀請賽」。應邀參加的，有泰政府官員，包括外交部的次長，四星上將好幾位，當地僑胞和台商，總共一百七十人左右，效果非常好。

我第一次任駐約旦代表時，常與約旦友人打橋牌。當時，軍醫署長馬加利中將，是牌友之一，不久，他升任約旦大學校長，我曾安排他應我台大校長之邀訪華。我第二次任駐約旦代表時，他已是內閣首相。許多事，我去找他幫忙，都非常順利。

所以說：魏伯公（伯聰博士）當時的指示是十分正確的。

但、魏部長卻忽略了麻將的魅力。

小時候常聽日本早稻田畢業的彤卿大伯父說：「一般學校都大聲疾呼，要德、智、體、群四育並重，卻不知道，打麻將正是集此四大『育』於一身的一門民俗藝術。打麻將當然注重品德。你不可以作假，也不可以偷雞摸狗。人家扣了你的牌，你不可生氣。你打出牌，別人和了滿貫，你也不可以生氣。拿了一手好牌，不可沾沾自喜。摸到一手好牌，你更不可以緊張到手顫心跳。在在都與道德的修養有關。其次打麻將乃是鬥智的遊戲，對於記憶力、算術、排列或然律，都大有幫助。它也訓練你的眼力，手勁反應和手腦並用。不能說和體育無關。至於群育，麻將乃是團體的遊戲。既分工，又合作。所謂牌搭子，常是好朋友。所以說，麻將實在包括了德、智、體、群四育的訓練。」

不相信？且舉一實例：

劉恩第大使是台大高我兩年的學長。也是我外交領事人員高考的同年。民國六十三年，他任我駐美屬薩摩亞領事館首任領事，曾赴東加訪問，建立關係，和東加外交部次長Tupouto'a王子成了麻將同志。當年十月一日，楊西崑次長率領亞太司副司長沈仁標訪問東加，恩第兄隨行。一應節目經恩第兄專程赴東加安排妥當。停留東加五天中，楊次長一行三人曾晉見東加國王、總理、副總理。拜會農業部長、教育及工程部長、政府秘書長與外交部次長，商訂我與東加建交，派使設館，並派專家協助東加開發農、漁業。恩第兄在他的回憶錄《海濤裡的浪花》中記載說：

「一日晚餐後，我在旅館內與仁標兄陪同楊次長聊天，忽接TUPOUTO'A次長王子電話，邀我至其家作方城之戰。我向楊次長報告，並將以前來東加與T王子相識經過。楊次長對仁標兄笑謂：『你看，我們的領事，外交辦的同外交次長王子打上麻將了』。我當時心中在想，這話不知是褒，是貶，抑褒貶皆有。不過無論如何，能與王子結識，辦事便利即可。」

「是晚TUPOUTO'A王子派車來接，抵其家時，李姓僑商（JACK）已先至。上次相遇之二位東加友人亦已在座。因有JACK李在，玩起牌來較上次順暢多多。T王子尚不時露牌向其請教，倒也天真可愛。王子並向Date-LINE餐廳訂了豐富餐點宵夜，大家打打吃吃，到深夜始結束，盡歡而散。離時王子送到門口，說道：『要常來東加，看看麻將PARTNER』。待返回旅館，已午夜過半矣。」

所以，我們若說東加的邦交是恩第兄麻將打出來的，似無不妥。

所以，魏部長當時若在要求同仁學習「打高爾夫」、「打橋牌」外，再加一條「打麻將」，那可說是一個最完美的「三打政策」。

我在南斐共和國之時，當地華僑眾多，麻將之風甚盛。做大使的或做領事的，偶而同僑領們來個衛生四圈，似乎無傷大雅，辦起僑務來，卻能事半功倍呢。

部中同仁，老一輩的，像劉宗翰大使，常克己待人，是以有「聖人」之稱。其次劉達人大使，笑口常開，平易近人，從不口出惡言。待人接物，公正平穩。是以有「亞聖人」之稱恩第兄較前兩位晚了半輩，在部中，處事得當，待人和藹，聲譽甚佳，大有向前兩位大使看齊之勢。

外交部的各司處長，都是身負重任、內外兼顧的職位。能做好司處長，當然不容易。套用一句武俠小說中的話：「必須內外兼修」。文章好、口才好、還要頭腦清楚、反應快捷、心存忠厚。但所有司處長，主要是對事的。只有人事處長，他的工作，主要是對人，事是死的。人是活的。事容易推測，人心卻是難以捉摸。升官升得慢的，怪人事處長。被派到C級D級等地的同仁，恨人事處長。有一個好職位，十幾甚至好幾十人爭。爭到的，只有一人。他不會感激人事處長。因為，他的獲得該職位，自認是理所當然的。沒有中選的人，都會埋怨人事處長。認為他處事不公。「我這麼資深、這麼優秀，怎麼不派我，而派他？」所以，人事處長最難作。殊不知：人事處長只管人事行政。人員的任免權，那是部次長的權責！

而恩第兄擔任人事處長共五年之久，歷經朱撫松先生、丁懋時先生和連永平博士三位部長。實在難然可貴。他最後一任係駐史瓦濟蘭大使，七十三歲才退職。中史關係，在恩第兄建立的良好基礎上，一直發展到今天，仍日趨密切。

我今年八十四，恩第兄八十六。我雖然沒在史瓦濟蘭任過事，但我是第一位和史瓦濟蘭政要打交道，第一位踏上史瓦濟蘭國土的中華民國外交官。在史國還沒獨立前，先後造訪過史國三十次，最長時是在其商業重鎮曼真尼市待了二十一天，最短大都是只在墨巴本（史京）的高原景旅社住一晚。從它的高地（High Veld）到低原（low veld），從豬峰（Piggs Peak）到夏地枯魯（Llati culu），我整個史國都跑遍過。從當時的國王索布胡沙二世、首相M、達米里、副首相史卡帝、財政部長墨西比醫生、工商部長西門顧馬洛，乃至於國王機要秘書沙其瓦約，禮賓官頂立索等我同他們都打過交道，都成為好朋友。所以，閒聊時和恩第兄談起史國種種，我們都很懷念。

恩第兄不但是部中同仁尊敬的一位長者，而且是一位孝子。太夫人超過一百歲，老人家從小在北京長大，不願離開北京。恩第兄嫂經常得北京台北兩地奔走，不時要去北京侍候老人家呢。

提供歡笑的張書杞大使

人間故事，多是編出來的。一則故事，不但內容要精采，還要講得動聽，才能引人入勝。例如：

三位年青的某大學學生，奮力打跑一位企圖非禮學校裡校花張小姐的狂徒。張小姐為了要表示感謝之意，問三位同學：

「趙同學，你怎麼把那個可怕的傢伙打跑的？」

趙同學說：「我一拳打在他鼻子上，打得他鼻血直流。」

於是張小姐拉起他的手，在他握緊的拳頭上親了一下。說：「謝謝。」

她再問第二位錢同學。

錢同學說：「我用手掌重重的打了他一巴掌，把他打得頭昏眼花。」

於是張小姐拉起錢同學的手，在他手掌心也親了一下。說：「謝謝。」

她還沒來得及發問，第三位孫同學迫不及待的說：「我用嘴巴一口咬得那位色狼的耳朵鮮血直流！」

張小姐看看他，然後在自己的右手指尖上親了親，再把指尖觸了一下孫同學的嘴唇。說：「謝謝。」

上面這一則笑話的題目是：「大失所望」。

民國八十五年七月八日，書杞兄時任駐貝里斯大使且係外交團團長，他以外交團長的名義邀請了美國、墨西哥、哥倫比亞和瓜地馬拉等國駐貝大使晚宴，一頓飯吃得笑聲不絕，因為，我們的張大使舌燦如花，說了不少幽默笑話。第二天他收到美國大使George Bruno 的謝函。函中說：

"Thank you for an evening filled with good conversation and food on Monday. You are a gallant host and a wise story teller and I was honored to be your guest."不但謝謝他的美食，更謝謝他「智慧的故事」。

我們卸任使節聯誼會每三個月聚餐一次。每次聚餐時，大家都喜歡和書杞兄坐一桌。因為，他到那裡，那裡便會不斷的傳出歡笑聲。

由上面美國大使的信中所說，讀者一定能明白，張大使講古的功力，真是「非同小可」。最了不起的是：他不但用中文、用英語講故事，他還用日語、用法語說笑話。

書杞兄民國二十二年在新竹新埔出生。小學受了五年日本教育，小學畢業後，進入金善堂私塾專修國文。老師詹金英女士，以孝經、四書和唐宋八大家的古文教學生。讀了兩年，之後還回到最後一期的日制「高等科」補習，為期十個月。結業後，才入初中，再高中，再國立台灣大學法學院法律系修得法學士，又讀國立政治大學外交研究所，取得碩士學位。考取外交官領事官高等考試。於民國四十八年進入外交部工作。派在當時部中最熱門的條約司服務（條約司後來分成條約法律司和國際組織司）。

當時，條約司的司長是中央政治學校外交系畢業的劉蓋章先生。他性格強，好罵人。對司中同仁要求非常嚴。稍有差錯，便是一頓毒罵。後來，同仁們才感覺到：凡是經過劉蓋章（同仁為他取的外號）打熬出來的同事，他們的英文也好，中文也好，寫出來的公文，都非常精密、無懈可擊。哪一年，部中常次出缺，部長沈昌煥先生有意借重他的長才，推薦他作次長，但劉蓋章的「英名」在外，部中反對的聲浪太高，沈公不得不退而求其次，於是非洲司長楊西崑先生走了運，升了次長。

書杞兄第一次外放為駐比利時大使館三等秘書，繼升任二等秘書。在大使陳雄飛先生督導之下，勤研法文，一任達五年之久。其後派任駐盧安達大使館二等秘書二年，駐象牙海岸大使館參事兩年。都是講法語的國家。是以，他的法語文程度很好。不像筆者，只在講法語的茅利塔尼亞待了二十個月，之後，便再沒碰過法文！

但書杞兄也有他艱難的經歷！在他的《外交夜談》中，他說：

奉役駐教大使館期間，三個（男）孩子都要讀小學。那時，駐外人員並無子女教育補助費，薪水又微薄。而在羅馬的英國、美國或法國的私立學校學費奇昂，我無資力讓孩子們就讀這些學校，只得和秀香（註：張大嫂的閨名）在家親自為孩子們授課：我上班前先教英文，上班後由秀香教國文和數學。這種情形前後維持了約兩年之久。……一九七三年岳父（李石煌先生）來義大利觀光，才知道孩子們的學業問題，當即資助，讓孩子們終能按部就班上學。

後來，書杞兄的三位公子都能學有所成，老大大學畢業後，在國內服務。老二老三都取得博士學位，在美工作。他們三個，對於企業家的外祖父李石煌先生，應該是十分感恩的。

書杞兄的大作中，不但有很多精彩的笑話，也有很多富於哲理的小故事。例如：

一位美麗的交際花盛年早逝。到了下面，執事者問她願意上天堂還是下地獄，這位小姐毫不猶豫的說：「願意下地獄。」執事者覺得很奇怪，再問她：「為什麼人人嚮往的天堂你不願去，而要下地獄？」那位小姐說：「天堂太寂寞了，誰要去那裡呢？我的那些有錢的男朋友都在地獄中，我當然要去地獄，好跟他們團聚、跟他們鬼混啦！」

這個小故事所說，和英國一位作家說：「在倫敦Mayfair（豪宅區）區居住者，沒有一個人是誠實的。」涵意差不多，但故事活潑多了。

但書杞兄書中也有很多警句。譬如他引述沈昌煥部長於接見駐外大使或總領事時，常以「為大將者無赫赫之功」這句話相勉。宋賢的名言「恩出於上，功歸於下」，也是這個意思。

沈公的話，實在是有感而發。駐外館常有館長和館員間、或館員和館員間爭功的事。甚至還有部內長官，侵佔外館同仁的功勞，種種紛爭，不一而足。筆者對沈公的這句銘言，十分佩服，宋代大才人蘇東坡說的好：

智者所圖，貴于無跡。漢之文景，紀（本紀）無可書之事。唐之房（玄齡）杜（如誨），傳（列傳）無可載之功。而天下言治者與（讚同）文景，言賢者與房杜。蓋事已立而跡不見，功已成而人不知。故曰：「善用兵者無赫赫之功。」豈惟用兵，事莫不然。

這便是沈公引言的由來。

書杞兄也有他自己的銘言。他說：

人生無常，最後是非成敗轉頭空。儘管如此，在幾十寒暑的浮生中，如尚有些值得記述的可歌可泣之種種往事，供作回憶的點綴，則此生總算多彩多姿，並不寂寞，而可說沒有虛度了。

說得真好。

書杞兄和筆者後先同學，現在，我們都八十開外了，都曾在外交崗位上工作超過四十年。退職之後，能把「多彩多姿」的外交生活寫些出來，公諸於世人，也可說此生是沒有虛度了。

Chapter 5

李慕祥先生

李慕祥兄是台大政治系畢業、比我晚幾屆的校友。他和連永平博士同班。

在外交部裡，他是一位不甚得人緣的同事。因為他做人太過正直、嫉惡如仇。

但我喜歡他，欽佩他。

他之不甚得人緣，不是因為他「壞」，而是因為他「好」。

他非常正派，不畏權貴。他任會計處幫辦（副會計長）時，可說是「六親不認」，唯法是從。外館的報銷，到了他手上，他絕對認真的查核。「假帳真報」、「移公作私」、「化零為整」，都很難逃過他的法眼。

楊西崑有一位愛將王某某，原任我駐某國總領事館館長——當然是楊一手提拔的——駐在國與中共建交，此公即捲逃去美國作寓公，連總領事館的印信都拿走了。數年後，他在美國混不下去，上書楊西崑，請准再回部工作。楊西崑時任政務次長，他將王某的信批請各司處表示意見，各司處長官也不願開罪政次，大都表示「無意見」。但到了會計處，慕祥兄堅持：「本處不反對王某回部，但回部之前，該員必須將總領事館財產、帳目全數交代清楚。」王某無法交待，乃被摒諸部外。楊次長當然不愉快。但李慕祥認為：他既任「副會計長」，當然要為外交部把關。他要顧及的是奉公守法，完全不計較個人前程。

這種氣勢，有幾個人比得上？我佩服。

但他也並不是死守法條，頑固不化。那一年我任亞西司副司長，奉派參加當時經濟部次長張光世先生率領的經濟訪問團赴中東考察。全體團員共十二人。其中四位是政府官員，八位是大公司的董事長或總經理。包括遠東集團的徐有庠先生、台糖的郁英彪先生和台船的宴海波等。旅行社為他們訂的，都是頭等機位（因為，當時的若干中東航空公司，不是頭等艙，他們不確認——Confirmo）。我若另購經濟位票（當時無商務艙），既不好看，也不方便。我去見慕祥兄。他說：「這種情形，你當然也要坐頭等。沒關係，報銷我來處理。」

他的作法，可說是通情達理。

我任副司長之前，在駐波札那大使館任一等秘書，處理關館業務。我和三秘劉如善兄合作把大使館的一草一木列成一冊，交請拍賣公司賣出。我甚至把館、官舍都給賣掉了，所得如數繳部。慕祥兄很少誇讚人，我回到部裡，他對我說：「學長，您做得很好。」豎起大拇指。

慕祥兄終因太過正直，只做到參事便屆齡退休。真令人惋惜。在我心目中，他早就是特任大使。

第三篇

專題報告

作者（右三）任宏都拉斯大使館代辦時，接待我文化訪問團。左起：蘇立彥秘書、宏文化部司長、作者、熊領隊、鄭玉山先生。

Chapter 1

外交部有關的一些統計

胡志強先生任外交部長時，曾於民國八十八年三月十一日第一次舉辦部慶，慶祝外交部成立一百三十八週年。

中華民國才八十八歲，何以外交部卻有一百多歲呢？因為學者認為：清廷於咸豐十一年（一八六一年）二月初一設立「總理各國事務衙門」，同日啟用關防，並照會各國。「總理各國事務衙門」便是今日的外交部。到民國八十八年，正好一百三十八歲。明（民國一百年）年，將屆一百五十歲了。

光緒二十七年，也就是公元一九〇一年，「總理各國事務衙門」更名為「外務部」，民國元年三月十日，袁世凱繼孫中山先生之後就任第二屆臨時大總統，又將「外務部」更名為「外交部」。「外交部」這一塊招牌一直沿用到今天。

民國建立以來，至今一百零一年。這一百零一年間，有多少任外交部長？有多少位外交部長？根據劉達人大使的記錄，他把民國元年到民國九十年代止，分為四個時期來計算。第一個時期，自民國元年至十七年，稱為大總統府——北京政府時期，主持外交的稱外交總長，共二十五任總長，依次為：王寵惠、陸徵祥（未到任，由胡惟德代理）、梁如浩、陸徵祥、孫寶琦、陸徵祥、唐紹儀（未到任，由陳錦濤兼代）、伍廷芳、汪大燮、陸徵祥、陳籙、陸徵祥（未到任，由陳籙代理）、顏惠慶（國務總理兼外交總長，由沈瑞麟代理）、顧維鈞、王正廷、施肇基、黃郛、顧維鈞、王正廷、唐紹儀、沈瑞麟、王正廷、顏惠慶、胡惟德、施肇基（未到任），擔任總長的，共十五人。

第二時期，自民國六年至十七年，稱為廣州軍政府——大元帥府時期，共十一任總長。他們是：顏惠慶、蔣廷幹、顧維鈞、王蔭泰、王寵惠、伍廷芳（王正廷代）、林森、伍廷芳、伍朝樞、胡漢民（由陳友仁代理）、伍朝樞（由郭泰祺代理）、擔任總長的共九人。

第三時期，國民政府時期，由民國十七年至三十八年，共十六任外交部長，他們是：黃郛、王正廷、施肇基（未到任，由李錦倫代理）、顧維鈞、陳友仁、羅文幹、汪兆銘（行政院長兼署）、張群、王寵惠、郭泰祺、蔣介石（兼理，由政次傅秉常代行）宋子文（由次長吳國禎代理）、王世杰、吳鐵城、傅秉常（未到任，由葉公超代理）、胡適（未到任），擔任外長的共十六人。

第四時期，民國卅八年政府遷台至今日，歷任部長為：葉公超、黃少谷、沈昌煥、魏道明、周書楷、沈昌煥、蔣彥士、朱撫松、丁懋時、連戰、錢復、章孝嚴、胡志強、程建人、田弘茂、簡又新、陳唐山、黃志芳、歐鴻鍊、楊進添，二十任部長，由十九人擔任。

連任部長次數最多的是陸徵祥，共五任。顧維鈞和王正廷各四任。王寵惠、伍廷芳、施肇基、顏惠慶各三任。伍朝樞和沈昌煥各兩任。

任期最長的是沈昌煥。他先後兩任部長共作了十二年半。其次葉公超，一任部長作了八年十個月。第三名數朱撫松，一任也是長達七年五個月。

任期最短的紀錄保持者是顏惠慶。他民國十五年三月四日受任，三月廿六日辭職，任期才二十三天。其次是施肇基，他民國十二年一月四日受任，二月三日辭職獲准，任期也只三十一天。

有趣的是：我們的政府曾經同時有雙料外交部長。他們的稱號不同，中央政府的名字也不同：

一九一二年
南京臨時政府外交部　外交總長王寵惠
北京政府外交部　外交部長陸徵祥

一九二五年
北京政府外交部　外交部長唐紹儀→沈瑞麟→王正廷
廣州國民政府外交部　外交部長胡漢民

一九二六年
北京政府外交部　外交部長王正廷→顏惠慶→胡惟德→施肇基→顧維鈞
廣州國民政府外交部　外交部長胡漢民→陳友仁代→高承元代

一九二七年
北京政府外交部　外交部長顧維鈞→王蔭泰
武漢政府國民外交部（南京國民政府外交部）→外交部長胡漢民→陳友仁→伍朝樞

一九二八年

北京政府外交部　外交部長王蔭泰→羅文幹

南京國民政府外交部　外交部長伍朝樞→黃郛→王正廷

一九二八年，也就是民國十七年，北伐成功，只有南京國民政府，北京政府不存在了。民國肇造，南京臨時政府外交部的組織，外交總長以下，有次長、顧問、參事、秘書長、外政司長、商務司長、編譯司長和庶務司長。同年，北京政府外交部的編制相同。民國十年，北京外交部的組織：部長、次長、參事、政務司長、通商司長、交際司長、條約司長。民國十年，廣州外交部，部長之下設秘書長、秘書、參事、第一局局長、第二局局長、宣傳局長。民國十六年武漢外交部，部長之下，設條約委員會委員長、對日外交委員會委員長。民國十六年南京政府外交部，部長之下，依次為次長、參事、秘書處長、秘書、政務司長、總務司長。十七年，秘書處後，改設總務處、第一司、第二司、第三司。十八年再變更：部長、政務次長、常任次長、參事、秘書、總務司長、國際司長、亞洲司長、歐美司長、情報司長。二十八年加了條約司長。二十九年，亞洲司分為亞東、亞西二司。歐美司分為歐洲、美洲二司。三十二年又再加了禮賓司、人事處和會計處。

以往，各司處中，以總務司排名最前。因為，總務司包辦了半個外交部。舉凡人士、會計、電務、領務、護照、簽證、禮賓、庶務、都是由總務司長主管。據說李惟果先生（李惟泯、李惟峩的兄長）任總務司長時，宋子文任部長，李氏出身官邸，和宋部長十分親近。他甚至可以下條子「請某某次長參加某某會議」！

但今日的總務司，卻排名在所有地域司和政務司——如條約法律司、國際組織司、新聞文化司、經貿司、禮賓司——之後，領務已獨立為領事事務局了。

筆者四十六年進入外交部工作，八十六年退休。在外交崗位上整整工作了四十年。在這四十年中，也有些有趣的統計。

先從部長說起。

筆者接觸到的二十位部長中，官升得最慢的是魏道明博士，他二十七歲任司法部長，七十多歲任外交部長，一級也沒升。升得最快的是黃志芳。

先作部長再作大使的有：葉公超、黃少谷、程建人、田弘茂四位。先作大使再作部長的有魏道明、周書楷、沈昌煥、朱撫松、丁懋時、連戰、錢復、胡志強、程建人、簡又新，歐鴻鍊、楊進添，從未作過大使的有蔣彥士、章孝嚴、陳唐山、和黃志芳。

同年高（特）考出任大使最多的，屬四十二年高考及格者。四十二年高考進入外交部任職的共二十七人，三分之一即九人出任過大使（代表）。他們是：李南興、林尊賢、歐陽璜、劉瑛、劉恩第、國剛、石承仁、鄧權昌和劉新玉（依高考及格名次排列）。九人中，國為中興，歐陽、鄧和新玉是政大，餘五人為台大。

九位大使之中，只有劉新玉是簡任大使，其餘八人均為特任。他們大都一任作到底。只有林尊賢、劉瑛不是。劉瑛先任駐約旦十四職等代表，再任駐泰國大使待遇代表，最後又回到約旦任特任代表。

所謂資歷完整，其實就是「升官太慢」的同義詞。外交部有由科長派出去，而後升任大使的，如：劉新玉、陳泉生。有任副司長派出去升任大使的，如關鏞、房金炎。由司長派出去任大使，則是外交部的傳統。通常都是特任。劉達人是司長派出去任特任大使的最後一人。鄭健生由非洲司司長派出去任駐史瓦濟蘭大使，則是簡任。是司長派出去任簡任大使的第一人。自後即成慣例。司長派出去均係簡任大使。

資歷最完整的，據筆者所知，本人便是其中之一。我從薦任科員作起。在部內，作過專員（只一天，即改任科長）、科長、薦任副司長、簡任副司長、專門委員、司長。在外館，我從助理三等秘書作起，歷任副領事（三秘）、領事（二秘）、兩任一等秘書、三任參事、大使館總領事待遇代辦、簡任十四職等代表、大使待遇代表、特任代表。

也有在部內從未作過科長、副司長或司長而派作簡任大使的，如濮德玠。之外，尚找不出第二人。

這些改變外交部人事傳統的——科長任大使、沒有任用資格的人派大使——大都是楊西崑任次長時開始的，他的論點是「用人唯才」，所以，「不能拘泥成規」。

外交部還有一個傳統，也是人事方面的。通常，部長換了，除了機要秘書（也都是部內同仁中選派）外，一級主管，包括主任秘書，很少更動。而人事處長、總務司長、副會計長，也都由職業外交官擔任。但這一傳統不久前也被改變。有位部長上任，便從部外帶來人事處長和總務司長。

論算，由低階升高階是正常的，由高職位調任低職位是不正常的，但也不盡然。如吳世英，原為駐喀麥隆大使，卻調任駐美公使。夏公權，由駐紐西蘭大使調任駐紐約總領事。若干大使、代表，調回部任簡任十二職等司長。這些是「正常」的「不正常」。駐波札那簡任大使劉新玉調部為簡任秘書，再調任駐韓大使館參事。這似乎是「真正的」「不正常」。

還有低階加高階的。筆者便作過「領事銜」的副領事，還有參事以公使名義對外的。薦任主事加三等秘書銜的。我前駐象牙海岸大使館參事吳章，他係由總務司副司長調任。出於他不諳法語文，部令「以一等秘書」名義對外，排名列在熟諳法語文的一等秘書龔政定之後。這也是「不正常」的「不正常」。

還有原是部下，後來反變成長官的，這種例子甚多。

另一個「不正常」不是階、職，而是薪俸。簡任十四職等代表的俸點為八〇〇，若他調任為特任八〇〇俸點的代表或大使，特任是政務官，沒有考績，簡任代表有考績，通常每年他們都獲得考績甲等，每年都有兩個月的考績獎金。換句話說：簡任代表一年可拿十四個月薪俸，升成特任後，他原來一年可拿十四個月的薪俸，現在卻只能拿十二個月了！因為沒有考績，所以沒有考績獎金可拿。

民國八十六年初，人事行政局局長陳庚金訪問約旦。時筆者為駐約旦特任八〇〇俸點代表，已辭職獲准，即將啟程返國。因之將此一「不正常」向陳局長反應，陳局長也認為應予改善。陳局長回國後不久，即促成將所有八〇〇俸點特任大使（代表）全改為九〇〇。且回溯當年元月算起，九〇〇俸點的特任官，每月薪水較簡任十四職等的代表多出千餘美元，算是公平得多了。（但十二個月的薪俸差額加起來，比起十四職等代表的兩個月全俸，還是少了一些。然而，特任官的心理上卻舒坦多了。）

升遷「不正常」的有沙鳳絢。筆者民國四十六年進外交部，大概一年之後，沙鳳絢任文書科長，筆者任副司長時，沙兄又任文書科長。筆者於民國七十五年任司長，其時，沙兄係一等秘書回部辦事轉任文書科長，近三十年未升一級。不久，他要屆齡退休了，部次長把他調升為簡任級的專門委員，兼文書科長，才能以簡任資格退休。有一次我們同席喝喜酒。他對我說：「我三十年來未升一級，外交部真沒天理。」說話之時，眼淚在他的眼眶中打轉。為何如此，我真想弄清楚！

還有一些其他人事上的特別案例，譬如：

筆者任亞西司副司長，外放時，接任副司長職位的是葉家梧。筆者由駐約旦代表調回外交部任司長，繼任駐約旦代表的又是葉家梧。筆者由亞西司司長調任駐泰王國代表，繼任亞西司司長的還是葉家梧。這種三次職位相接的例子，還找不出第二個來。

又有終生只外放一個國家的，例如杜稜，第一次外放在南斐約翰尼斯堡任副領事，第二次外放在斐京任參事，最後一任係駐南斐代表。還有柯振華，只到過日本一個國家。

還有第一次外放便當館長的，只有鄧備殷。他派到香港任三秘，不料館長出事，調部辦事。外交部再派主管，香港當局都不接受，於是由鄧備殷代理館長，一代便是十八年。他是在台灣生長的廣東人，完全不會廣東話，倒是在香港學會了廣東話。

外交部有父子檔、兄弟檔、夫妻檔。伍廷芳、伍朝樞父子都擔任過部長，最為特出。其次是胡惟德，他作過總理、外交總長（部長）。三個兒子：胡世澤由次長接任聯合國副秘書長。胡世熙和胡世勳都作過駐外大使。一門俊秀，最為有名。

其他父子檔的，如馮冠武和馮寄台；俞中原和俞大濰、李鶴壽和李志強等，例證甚多。兄弟檔的有鄭炳鈞和周念曾（從母姓），酆郜和酆鄴，劉順達和劉順福。而徐漢飛、徐漢淼、徐漢斌三兄弟同在外交部服務，更為特出。

夫妻檔的很多，不勝枚舉。

民國三十八年大陸變色，政府遷台，一下子便有許多國家宣佈承認中共。我外交部裁員二百九十人，涉及二十六個大使館、十二個公使館、二十四個總領事館、四十個領事館、四個副領事館、駐日、駐西德代表團、駐德軍事代表團、駐聯合國代表辦事處和駐香港辦事處等一百一十個單位！

一九六〇年代非洲若干國家獨立，大部分與我建交。民國六十年十月我退出聯合國，一時又有二十個國家與我斷交！外交部關閉了二十個大使館和八個總領事館。

下旗關館是一件非常痛苦的事，筆者曾身歷關館之苦。同仁留土（耳其）博士蔡文森兄初次外放派在澳洲任副領事，澳洲關館，調任駐賽甫路斯大使館任三秘，而駐賽館又關館，經再調到駐比利時大使館，才兩個月，駐比大使館又關館，三次都遇到關館，真是不幸。

Chapter 2

李總統登輝率團訪泰

前言

小時愛讀唐詩三百首。其中劉禹錫的〈西塞山懷古〉詩，是初中時國文老師教的。一首詩他教了十個鐘頭。解說得非常詳盡。七十多年後，我仍能背誦的出。全詩抄錄於後：

王濬樓船下益州，金陵王氣黯然收，千尋鐵鎖沉江底，一片降幡出石頭，人生幾回傷往事？山形依舊枕寒流。從今四海為家日，故壘蕭蕭蘆荻秋。

後來讀《晉書》卷四十二（王濬傳）載：

晉武帝想併吞東吳，有詔命王濬修舟艦備戰。王濬修造了方一百二十步的大船，可容納兩千人。太康元年（西元二八〇年）正月，王濬率師從成都出發，討伐東吳。皇帝給他的詔書說：「若攻下建平，則受杜預的節度。到了秣陵，便受王渾的節度。」誰知王濬的軍隊勢如破竹，順流而進。兵不血刃，攻無堅城。夏口、武昌，聞風投降。王渾久破孫皓的中軍，斬了東吳大將張悌等，頓兵等王濬來會合。

誰知王濬不聽詔命，到了秣陵，王渾遣使要他暫過論事。他說：「風利，不得泊也。」乘勝納降，要獨居滅吳之功。王渾忿怒，上表說王濬「違詔不受節度。」誣罪狀之。有司遂按濬，要把他關在「檻車」上解回朝廷。武帝不准。但下詔責備王濬說：「伐國事重，宜令有一。前詔使將軍受安東將軍王渾節度（即指揮），渾思謀深重，案甲以待將軍。云何徑前，不從渾命？違制昧利，甚失大義！將軍功勳，簡在朕心。當率由詔書，崇成王法。而于事終恃功肆意，朕將何以令天下？」王濬當即上書自理。王渾又根據周浚的信，告王濬得了許多東吳的財物。王濬又趕急上表自理。王濬到了京師，有司又奏告王濬「既不列前後所被詔月日，又赦後違詔不受王渾節度，大不敬，付廷尉科罪！」武帝因他伐吳之功，原宥了他。有司又奏：「濬赦後燒賊船三百五十艘，請准付廷尉禁推。」武帝又下詔說：「勿推。」

王濬為了搶「功」，惹來許多煩惱。他的一個親戚叫范通的對他說：「卿旋旆之日，角巾私第，口不言平吳之事。若有問者，輒曰：『此聖主之德，群帥之力，老夫何力之有哉？』如斯，顏老之不伐，龔遂之雅對，將何以過之？藺生之所以屈廉頗，王渾能無愧乎？」王濬當即承認自己的不對。

我在泰國，辦理總統李登輝先生訪問泰國，事先便和同仁們說明：我們只是秉承長官的指示，大家埋頭工作，切不可存爭功邀寵之心。否則，事辦成了，還會受到像王濬所面臨的那一些煩惱。

邀訪

向駐在國交涉邀請我國總統率團往訪，那是一件非常艱巨而富有挑戰性的任務。若駐在國與我國無外交關係，那麼、這項工作將更為困難。在未行動前，駐館（處）必須先作週詳的考慮。包括：

1. 駐在國同意邀請的可能性有多大？
2. 對方邀請的意願是否堅定？若是對方輕率同意，中途反悔，那可是茲事體大了！
3. 訪問是否符合雙方的利益？——例如：訪問一個人口僅數萬人的小國，而對方將會要求我方上千萬美元的援助。當然不值得。又若我訪問一國而將遭致其他好幾個國家的反感，也不相宜。（我國遲遲未能與歧視人種時代的南斐建交，便是顧慮到其他非洲國家的反對。）
4. 客觀的阻力能否克服？
5. 具函邀請者的身分是否相當？這是針對無邦交國而言，有邦交國家，當然要由他們的元首出面具函邀請。
6. 訪問的性質：A.官式訪問。B.非官式訪問。C.過境。D.渡假。E.接受名譽學位。D發表演說。E.其他：如主持博覽會中華民國館開幕儀式，帶領國家代表隊參加比賽等。
7. 駐館同仁的能力是否足夠應付？
8. 訪問結果的預估。
9. 最重要的一點：絕不可損害到國家的尊嚴。
10. 其他：如受訪國環境、天候、氣候、交通工具等等。

總而言之，事前考慮越是周詳，計畫越是周密，則層峯訪問成功的機率越高。考慮的結果若認為可行，才著手進行。

進行邀訪工作

民國八十二年冬，我時任駐泰國代表，風聞李總統有赴印尼渡假之行。心想：總統既然可到無邦交的印尼去，當然也可以到沒有邦交的泰國來。

於是我找來泰國政大校友會理事長劉文隆（威猜）君，他是國會議長瑪律・汶納的親信，我請他試探議長有無邀請我層峯來泰渡假的可能。

誰知威猜到了我辦公室，我還沒開口，他到先提出來說：「議長有意邀請我總統暨夫人到泰國渡假兩週，由他負責一應開支。」

議長之所以如此作法，是因為他曾由我安排和夫人率領參眾議員十人，一行共十四人訪華一週。費用全由我方負擔。訪華期間，我曾陪同他們晉見李總統。他頗有投桃報李的意思。

我聽了十分興奮，正預備密電呈部，卻接到部電：政務次長房金炎將由亞太司長鄧備殷陪同來泰公幹。我決定先口頭向次長、司長報告請示，可防洩密。

翌日，我到機場接機。在機場，我即向次長說：「泰國國會議長瑪律．汶納風聞我總統將有印尼之行，擬邀請總統暨夫人來泰渡假一週，費用全由他負擔。」房次長未置可否。但說：「還有管道。」原來，他和鄧司長來泰的目的，便是洽請泰國務院第三副院長林日光出面邀請我總統到普吉島打高爾夫球、渡假。

後來，房次長和鄧司長交涉好了，我便再沒提議長邀請我總統渡假之事。在泰國，除了王室成員之外，國會議長的地位最崇高。泰王賜宴時，議長座位尚排在國務院長之上。

準備工作（駐處的工作，不包括部方的準備工作）

1. 成立工作小組：開始時，僅我和一位承辦人員參與其事，以確保機密。（必要時，甚至可由館長一人單獨負責。）之後成立數人的核心工作小組，祕密進行。

2. 全員動員：一切已明朗化之後，館（處）中同仁全體動員，分工合作，分成若干組，分頭辦事，但對外仍須保密。

3. 編寫訪問手冊。包括：

A. 駐在國簡介：包括簡史、現狀、國際關係、經貿、工、商等現狀。

B. 駐在國政要簡介。

C.特別風俗、飲食習慣與禁忌、氣候、時差、語言、服裝、電壓、貨幣、治安。

編寫訪問工作手冊。包括：

D.駐處簡介：人員、住址、電話、專長。

E.訪問日程。（日程可能因保密而另預備日程手冊。）

F.旅社房間之安排。

G.車輛之安排。（這是要和駐在國接待單位會商的。）

H.雙方參與官員之簡介：包括出身、經歷、現職、專長、嗜好（如高爾夫、橋牌）、身材、語言等，甚至可包括血型。

I.受勛與禮物：接受者姓名、職位、勳章名或禮品名等。

J.其他：如演講或致詞與答詞之講稿談話資料。

K.賞金：發給接待工作人員的犒賞費用。

L.最後一點，卻也是很重要的一點，總統同夫人的血型。必要時，找一名血型相同的人隨接待團隊待命。

（註：訪問工作手冊附在訪問手冊中。）

訪問經過

得到部電指示，總統訪泰日程，由林日光方面全權安排。林日光屬新希望黨。黨魁操華力上將，原係最高統帥，和我很好。他的另一個副手內政部副部長曹壁光和夫人吳淑珍女士更是我的好朋友。我和操華力上將彼此常有往來。每次曹壁光夫婦在寓所宴請我們夫婦時，操華力和林日光大都是陪客，大家都很談得來。所以，我預料合作一定很順利。誰知林日光的機要姿態甚高，他說：「已和台北方面達成協議。所有節目由他們處理。代表處若插手，他們便撒手不管。」

結果，他們排出來的節目，完全沒有一個官方性的。第一天，早晨，專機到達普吉島。分配旅社房間之後，一行人前往高爾夫球場，打高爾夫球。晚宴由林日光作東，陪客的，當然也都由林日光安排，都是華僑。潮州裔泰商，湊巧也都是我的好朋友。事後其他會館的僑領還向我抗議。我告訴他們：事先我根本不知情！全是泰方安排的。——這是在普吉島。

第二天一早，專機由普吉島飛曼谷，泰方本來安排好中午由泰國務院長川呂沛（華名呂基文）午宴，中共抗議而取消。好在代表處早有安排，立即請國會議長瑪律・汶納伉儷作東，在中央酒店設午宴款待。陪客始有部長級官員。傍晚李總統赴王宮見泰王晤談。這個節目也是代表處安排的。要不是這兩個節目，總統的訪問泰國實在不好看。

事後我見到林日光機要，他有點不好意思，我卻仍然誠誠懇懇的向他道謝，還送了他一件大禮物。

那是民國八十三年二月十五和十六日兩天的事。十八日，我奉總統令派往約旦工作。當時僑社盛傳：劉代表接待總統訪問出了紕漏，所以調職了。

殊不知那年我屆滿六十五歲，理合退休。長官把我派到約旦作特任代表。特任官沒有退休年齡限制。我之調職，勉強算是升官。因為是從大館調到小館，所以會引起許多猜測。而我的總統令上的日期，是二月八號，所以，和總統訪泰絕無關聯。（外交部有一個不成文法：簡任大使或代表必須換一個位子，才能升特任。）

但我心中一直有一個疑問：假如邀請我總統訪泰的是國會議長，情形不知道會如何？

後註：外交部曾有函給我，要我就安排元首訪問駐在國、與尚未建交的國家建交、關館工作等，撰寫專題報告，以便給同仁參考。所以我才著手寫這些回憶錄，只是時間拖了太久，未及時交卷，只能放在這本集子裡，供同仁參考了。

Chapter 3

安排李總統訪問約旦

前言

唐、宋的大臣、宗臣，他們的言行足為後世人遵奉的，實在太多。最令我心折的名言之一是：「恩出於上，功歸於下。」這兩句話。我在外交部工作了整四十年，時常見到的場面是：「有功大家搶，有利大家爭！」市恩諉過，層出不窮。

譬如駐某國王大使請求一萬美元的特別經費，函電到了外交部，司長只簽一個字便呈給部次長核。若是核准了，司長即電話王大使說：「你請求的經費我替你要到了。」這是市恩。若是部次長批駁了，他會對王大使說：「對不起，不是我不幫忙，是部次長不同意。」這是卸責。

還有一種更壞的情形：部下花了九牛二虎之力，好不容易辦成了一件事。譬如：與一新獨立的國家建交。主管的長官，不但搶走了「功」，還會利用機會打壓那位部下。更壞的是長官還可能趁機偷國家的錢。

我初到約旦赴任，我常告訴同仁《後漢書》卷七十一（皇甫嵩傳）中史臣讚美皇甫嵩的話：

> 皇甫嵩，時人稱其不伐（不驕傲、不誇耀自己）。汝豫之戰，歸功於朱儁。張角之捷，本之於盧植。收名斂冊（報功勞的名單）而已不有焉。蓋功名者，世之所甚重也。誠能不爭天下之所甚重，則怨禍不深矣。

說得真好。

我作了十幾年館長，我常對同仁說：「有些老闆想不開，同下屬爭功。他稍微想想便能知道，部下有功，其實等於是他也有功。因為：他領導有方，那豈不是大功？何必搶？」

民國八十二年初，我時任駐泰代表，李總統帥團訪泰兩天。那是經由國內一位財經大老安排的。具函邀請的是泰國國務院第三副院長林日光。那次訪問，雖然李總統說：「只要腳能踏出國門便算勝利。」但我覺得非常慚愧，沒有安排得很完善。我不滿意的地方至少有四點：

第一，泰國沒有一位官員參與接待。

第二、原說由國務院長午宴接待，臨時卻予以取銷。好在本人早已接洽妥當，立即請由國會議長出面邀宴，總算沒出醜。

第三，既是邀請，所有訪問費用卻由我方負擔！

第四、若非代表處洽妥總統和泰王晤面會談，整個訪問實在難向國人交待。

其間我頭天要副代表電話劉文隆君緊急洽請國會議長出面於次日中午宴請我總統訪問團，瑪律•汶納議長原先向我承諾過，果然履行諾言邀宴。其人一諾千金，真了不起。為了感謝劉君奔走接洽之勞，訪問團走後，我請他到代表處，在總務組代理組長邱久炎兄的辦公室中，在座還有副代表，我包了一個紅包兩千美元給劉君，外加兩箱皇家禮炮威士忌，感謝他多年來給我的協助。

（因為這是我和劉君私人間的事，我不允許報公帳。）

與泰王會談是敦請畢沙第親王促成的，事後，我也特地到他寓所致謝。

計畫安排總統訪約

我駐泰代表處是大館，主辦公處中，即有同仁七十餘人辦公。由國內派任者三十五人。一天發出護照、簽證的紀錄超過一千件。駐約旦代表處是小館，國內派駐人員全部才六人。不到駐泰處國內派遣人員的五分之一。若要安排總統訪約，駐處人員實嫌不足，但我還是積極規劃。因為，我認為，國內派到約旦的同仁，都是百中選一的人才，不管是個人辦事的能力，敬業的精神，都是一流。一定能勝任。總統訪泰不盡如我意，我一心想找一個機會，再安排一次總統出訪，以消除我心中的歉疚。

二月十六日李總統訪問團離開泰國時，部長錢君復博士交待我說：「我們要再請你去約旦，希望你去儘快辦好三件事：一、將代表處正名為中華民國商務辦事處。二、改善我與約旦王室的關係。三、希望約旦在聯合國中替我們發言。」

我一口應承了。

我第二次到約旦履任之初，我要求同仁給我擬一個名單，列出將來在約旦政壇上有所作為的現任國會議員、將軍、和學者等。之後，我帶了張秘書萬陸兄，按名單一一登門造訪、拜會、致送小禮物，分別邀宴，建立友誼。

想不到我這一招燒冷灶的辦法還真有效。數月之後，我盡力爭取的一位議員卡巴力提出任外長。一年之後，他出任總理組閣，在他操作之下，終於把我們「遠東商務處」的名字給改回「中華民國商務辦事處」了。這是後話。

是年十一月，原任國會議員的亞希拉伯——他也是我初到任時即極力爭取的友人——調任工商部長。我於是帶了秘書張萬陸兄到他辦公室面致祝賀。寒暄之後，阿部長說：「你們總統要訪問以色列，是不是？」

以阿糾紛，多少年來難分難解。以色列處在阿拉伯世界中間，一舉一動，都受到阿拉伯國家的注視。我層峯若訪以，約旦也是阿拉伯人國家，不論是否屬實，似不宜讓約旦知道。於是我說：「我尚無所悉。」

阿部長當即拿出國內某公司致約旦某公司函，其中即提及我總統將訪以色列。該公司如此作法，實有不當。層峯出訪，乃國家一等機密，豈可事先告知第三國的一間私人公司？外交人員都是政府派在外國的耳目，有這等事，自當讓國內得知。於是我請求阿部長給我一份影本。阿部長毫不猶豫的一口答應，立即叫他的秘書將該函影印了一份交給我。

回到代表處，我和張秘書就約旦對我總統邀訪的可行性詳予研究。同時，我們先後拜訪了王儲辦公廳主任哈馬尼、國王長子阿不都拉親王，試探總統訪約的可能性。另一方面還請王儲親信陳秋華先生試探王儲的口氣。我們用的是旁敲側擊的辦法，試探約方的意願。我們的措辭非常婉轉。萬一對方有困難，彼此都能輕輕易易的下台階，而不致引起任何不快。我們了解，要約旦邀請總統去訪問，一定要胡生國王點頭。所以，我們對國王長子阿不都拉親王下了很大的功夫。請他向他的父親進言。

我們投石問路的結果，反應都是正面的。於是我又帶了張萬陸兄到王宮晉見王儲，當面洽談。

王儲接見我們時，陪見的是王儲經濟顧問曼各博士（DR.A.Mango）。寒暄之後，切入正題。

我說：「我們李總統正準備到中東一行，訪問友邦。」

王儲到是直接了當的回說：「李總統閣下既然有意到中東來參訪，我們歡迎他率團來敝國作客。」

他並且立即指定曼各博士為協調人，和我保持密切聯繫。

過了幾天，我帶了武官吳鎮台上校再去看阿不都拉親王。表面上是談別的事。實際上是打探胡生國王的意向。我們還沒開口，阿親王對我們說：「我父親很樂意見貴國總統，並且已經和我叔叔（指王儲）商談過了。」

我們這一次接洽，比我想像的還要順利。

回到代表處，我們當即密電呈部，附上某公司給予約旦公司密函的影本。請示：「總統訪以，可否安排訪約。」

部方回電，令即祕密進行。但對於某公司密函卻打官腔：「貴處不可干涉某公司的事。某公司已表不快！」

（我們根本沒有干涉某公司的事務，不知如何有這等官腔出現！）

於是我召集全體同仁——連我七人——開會。一位同仁說：「多一事不如少一事。部中如此打官腔，便可證明。萬一我們安排不上，或安排不好，大家可有苦頭吃。安排好了，我們七個大人，可得累個半死！」

這位同仁說的是氣話，我們還是決定進行安排。

部方又來電指示，安排的進度，「隨時逕密電政務次長房金炎。」也就是不要讓主管次長陳錫蕃和主管司亞西司知道。我想：如此一來，事權集中在政次身上。將來的功勞，都也在他身上了。我們當然要照辦。只是不免開罪了陳次長和主管司，我也就只好背黑鍋了！

下班回到寓所，想起前電中部方因某公司信函洩密的事打我的官腔，令我十分不解。第一，代表處只不過是將他們洩漏國家的私函呈部，完全沒有干預。應如何處理，應該是部方的事。第二，我們密電將該公司私函呈部，部方如何源源本本的告訴該公司，還替他們打代表處的官腔？第三，是否嗣後有例似的情形，都不可報部，以免自討沒趣？越想越不是滋味。其時，我已年近古稀。若是還年輕，早將電報頂了回去！至於總統能不能訪約，我真想撒手不管。後來總統訪問了約旦，卻未能去以色列，很可能便是那封信，引起了阿拉伯各國的反應，終於未能成行。

得到部電核准之後，我和張萬陸兄立即展開作業。積極向約方交涉。雙方同意的，有下列幾點：

1.由王儲具名邀請。

2.既是受邀，總統一行在約旦食、宿、行全由約方負責。

3.為確保我總統安全，總統一行居於王宮內。隨護人員全由皇家禁衛部隊擔任。

4.會晤約王胡生。（經由阿不都拉親王晉洽，且獲同意。）

5.王儲、王儲妃率官員迎送。

6.王儲、國王長子，分別邀宴各一次。
7.約方派一榮譽侍衛長，以昭隆重。
8.觀光摩西山、死海等地。（李總統係虔誠基督教徒之故。）
這些既全部得到約方同意，雙方乃就訪問日期作最後決定。約方提議二月二十七日和二十八日兩天。但部方回電說：「總統二月二十八日要主持二二八紀念碑揭幕，提議更改為四月二日和三日。」這一點約方表示同意。但說明：胡生國王屆時必須到美國接受治療癌症的化療。不在國內。屆時無法和我總統晤談，經代表處報部後，部方也表示瞭解。（外傳國王不願見我國總統，故意避開，完全不確。）

安排經過

約方同意邀請我總統暨夫人率團訪約後，全處同仁都覺得非常興奮。只是，我們全處只七人——外交部派的四人，其他單位派的三人——能操阿拉伯語的只有秘書張萬陸和蕭鳳羽兩人。我們開了好幾次會，決議向部方請求臨時派就近館處通曉阿語文的同事三四人來約支援。結果，房金炎批准了派員六人赴杜拜協助。對於約旦，只批示屆時派不識阿文的科長陳家坤隨團來約，相機協助。實際上等於一人未派。代表處同仁很失望，也很不平。但也因此士氣特別高昂。大家都摩拳擦掌，準備迎接挑戰。

我鼓勵同仁說：「部方不派人，不是打壓我們，是瞧得起我們，認為我們個個能力強，可以一當十，絕不會出差錯！」

排定訪問日程

本人曾任禮賓司典禮科長三年，其間還兼理交際科長三個月，曾多次接待友邦元首訪華。對於安排訪問節目，一應禮儀，計劃、安排，都還熟悉。我們與約旦無邦交，自無機場軍禮、鳴二十一響禮砲、文武百官迎送的場面。但也必須顧慮到國家的尊嚴，要求接待元首非正式訪問的最高層次待遇。我們要求約方配合的迎送禮節，經雙方同意：

（一）專機抵達時，由本人同王儲辦公廳主任哈馬尼博士（地位和內閣部長相等）登機迎駕、下機、榮譽侍衛長暨夫人立即迎駕，一起陪同步向王家貴賓室。

（二）王儲哈山親王和王儲妃在王家貴賓室門口相迎。我方傳譯趙錫麟博士陪侍在側。寒暄、進用茶點、旋即由王儲和王妃陪同我總統伉儷乘坐直昇機赴王宮賓館。其餘訪問團人員由我與內人陪同早於總統伉儷赴王家貴賓室時，即分坐禮車，逕赴王宮，列隊候駕。

（三）榮譽侍衛長修頓中將夫婦全天候陪侍（修頓曾任空軍司令）。
（四）總統在王宮賓館中接見國內來訪的記者。
（五）中午，曾任首相的參院勞醉院長在某旅館設午宴歡迎。
（六）午餐後，由安全會議秘書長丁懋時，外交部長錢君復和我陪同總統接見華僑代表。
（七）晚宴前，總統與王儲會談，參加人員名單另定。
（八）王儲暨王儲妃國宴，若干政府首長相陪。我方出席人員名單：總統暨夫人、丁秘書長暨夫人、錢部長暨夫人、經濟部長江丙坤、代表暨夫人、劉顧問泰英、鄭司長博久。
（九）次日晨乘直昇機赴摩西山等處觀光。
（十）中午在農業部長別墅中進午餐。由王儲與王儲妃陪同。
（十一）下午參觀王家科學院、會談。
（十二）晚餐由阿不都拉親王與王妃作主人，地點為王宮賓館。
（十三）晚九時專機離約。
（十四）歡送人員與歡迎人員相同。

開始作業

日程大致排定，代表處即進行作業。包括：

（一）沙盤推演，全體同仁參加。

（二）陪同先遣人員分赴將參訪的各地視察一遍。

（三）研擬約方受禮官員名單呈部參考。

（四）編寫「總統訪問約旦日程表」

（五）分配同仁工作：張參事長齡照應丁秘書長。張萬陸秘書照應錢部長。經濟組徐組長大衛照應江部長。蕭鳳羽秘書照應幾位夫人。賓館中聯絡處由安全組長孫晴飛、武官吳鎮台和代表秘書娃花小姐坐鎮。孫、吳兩位並負責對約方安全人員與約軍方、我總統侍衛長與侍衛官等之連繫。張萬陸秘書還負責與王宮賓館人員之連繫。代表隨侍總統。至於接待國內記者，聯絡僑領、分派車輛、包裝與分送禮品、阿拉伯文傳譯、照應其他訪團成員（如劉泰英顧問等），則由全體同仁隨時投入服務。另一位代表處女秘書則留守代表處，隨時和賓館連絡處保持連繫。全體同仁包括雇員全入住王宮賓館。隨訪問團來約協助之陳家坤科長則在賓館連絡處隨時準備與部方連絡。

當然還有許多雜事。如總統侍衛之照顧、新聞之發佈、車輛的控制、電報的邏譯、突發事件的處理等，都得由我們七個人，隨時投入、解決。部方有派一位學員李樹東在約旦學阿拉伯文，不得已，我也徵召他投入接待工作。

編寫「總統訪問約旦資料手冊」內容包括

A. 總統伉儷訪約行程表（含總統暨夫人玉照）
B. 代表處人員工作手冊
C. 總統暨夫人訪約英文行程表
D. 哈須米王宮住宿平面圖及電話分機號碼（包括房間分配）
E. 進住哈須米王宮注意事項
F. 王宮服務事項（電話、用餐、洗衣、電器等）
G. 胡生國王簡歷、玉照。
H. 娜爾王后簡歷、玉照
I. 哈山王儲簡歷、玉照

J.阿不都拉親王簡歷、玉照

K.莎瓦絲王儲妃簡歷、玉照

L.參院院長勞醉簡歷、玉照

M.計劃部長卡瓦（農業部長，暫時代理）簡歷、玉照

N.國王顧問涂堪博士、史馬蒂博士、王儲經濟顧問孟果博士、達吉士塔尼、哈達丁等官員簡歷（註：他們有的有如我國的資政，有的如國策顧問，至少都是部長級，如涂堪，便曾任總理）

O.王儲國宴賓客名單

P.阿不都拉親王宴客名單

Q.約旦內閣名單

R.約旦政府組織架構圖

S.約旦王室世系表

T.約旦地圖

U.約旦簡介（包括中約關係、約旦風習、經貿情況等）

V.訪團成員名單

W.訪團班機程期表

X. 接待行程相關連絡電話一覽表

Y. 駐約旦代表處職員名錄、住宅電話

Z. 總統贈禮清單

Aa. 參觀之景點簡介（摩西山、死海、傑拉喜等地）（註：本來安排直昇機來往，因天候不佳，訪問進行時，改乘轎車，結果未去死海。）

Bb. 談話參考資料

Cc. 僑領名單、僑情簡介

全部約八十頁。其中工作人員手冊及車序表比較複雜。當時所編手冊我手中沒有。只有章孝嚴部長訪約時的手冊手頭還有一本。係當時代表處秘書陳剛毅編撰。手冊包括五欄：時間、地點、參與人員與工作同仁、工作提要與車序表。格式見附件。除訪問長官不同，部長訪問，和總統訪問的工作手冊，內容都是差不多的：

章部長伉儷訪問約旦本處人員工作手冊及車序表

民國八十五年十二月十八日星期三

時間	節目地點	參與人員	工作提要	車序表
○八：五○	部長伉儷搭RJ-603號班機抵安曼國際機場	全處人員	一、全處人員赴機場接機，八：二○前所有人員抵達機場、陳秘書確定對方連絡官、車輛序號並指明同仁搭乘何車。 二、確定登機門、貴賓室（拉漢先付小費十約鎊並囑妥善接待） 三、劉代表與約旦接機官員赴機門接機，劉代表向部長介紹約旦官員，陳秘書攝影。 四、本處人員引導訪團赴貴賓室。 五、交拉漢訪團人員護照、行李票協同約方人員辦理簽證，並提領行李，再確認機票。蕭秘書交劉專委一千約鎊零用金。 六、陳秘書致趙科長將車序、房間分配表及談參等資料遞呈訪團長官。 七、本處人員依車序表引領訪團上車。	機場赴哈須米王宮 ◎確定首日行程禮品上車，備雨具、帽子、水。 1、部長、約旦禮賓官（王儲辦公室主任MR.Mohammed Siraj與部長夫人女禮賓官為姊弟關係）約旦連絡官 2、夫人、蕭秘書、女禮賓官（約旦王儲妃辦公室主任Ms.Khadija Siraj） 3、劉代表、王司長、陳秘書 4、劉專門委員、趙博士 5、吳組長、賴組長、朱組長、張參事
○九：三○	離開安曼國際機場赴哈須米王宮			

一〇：〇〇	抵達哈須米王宮	張、朱、賴、吳先赴雅大等候、準備	一、抵達哈須米王宮後，本處人員依車序表陪同引領訪團人員赴套房。劉代表陪同部長赴其套房。 二、介紹連絡中心娃法並指明位置。 三、告知訪團人員及車隊下一節目出發時間為一一：一五。 四、送行李	
一一：一五	離開哈須米王宮赴雅穆克大學	全處人員	一、一一：〇〇確認人員、車輛整備完成，本處人員依車序表引領訪團人員上車。 二、陳秘書攝影	赴雅大車序表（一） 1、部長、約旦禮賓官（王儲辦公室主任MR.Mohammed Siraj與部長夫人女禮賓官為姊弟關係）約旦連絡官 2、夫人、蕭秘書、女禮賓官（約旦王儲妃辦公室主任Ms.Khadija Siraj） 3、劉代表、王司長、陳秘書 4、劉專門委員、趙博士
一二：一五	抵達雅穆克大學			赴雅大車序表（二） 1、部長伉儷、約旦聯絡官 2、王司長、劉代表、陳秘書 3、劉專門委員、趙博士、蕭秘書。 4、（代表車隨行） 註：蕭秘書陪同部長夫人乘2號禮車返哈須米王宮並前往市區參觀

一二：三〇	部長演說，並接受名譽博士學位			
一三：三〇	雅穆克大學校長宴請部長伉儷暨訪團	全處人員參加午宴		
一五：〇〇	離開雅穆克大學赴王家科學院RSS	蕭、陳分道，其餘人員返處		
一六：一五	抵王家科學院RSSRSS會議、簡報、參觀		◎陳秘書請示後通知御廚明日早餐方式、內容、時間等 ◎陳秘書攝影	
一八：〇〇	離開王家科學院返哈須米王宮			
一九：三〇	阿親王晚宴	訪團成員及劉代表	於哈須米王宮	

訪問經過

四月二日，總統伉儷率同訪問團一行四十餘人於早晨十點乘坐專機抵安曼阿麗雅皇后機場（Queen Alia International Airport）。國王顧問西克麥（Y.Hikmat）、攝政王辦公廳主任哈馬尼（M.Hamarneh）（兩人都是部長級官員）和我三人登機迎駕。總統暨夫人由西、哈二氏陪同乘車至王家貴賓室接受攝政王和王妃的歡迎。我和內人則陪同國安會丁秘書長懋時伉儷、外交部錢部長君復伉儷、經濟部長江丙坤等隨行長官逕赴王宮賓館——哈西米王宮（Hashmia Palace）。

總統伉儷原排定由攝政王和王妃陪同乘直昇機至行館的，適逢安曼氣候變壞，前幾日下的雪有一部份還沒融化，天又下著小雨，能見度不佳。為了安全著想，攝政王和王妃乃陪同總統暨夫人乘車至哈西米王宮，由攝政王親自駕車。

我們都在賓館門口迎駕。

攝政王、王妃隨即告辭。而後總統接見了國內來約旦採訪的記者群。

稍事休息之後，總統率領丁秘書長、錢部長、江部長、本人、劉顧問泰英、亞西司鄭司長博久等於十一時半抵達皇家科學院聽取院長穆基博士（H.Mulki）的簡報。實際上，簡報由攝政王哈山王儲親自主持。穆基博士簡報之後，雙方會談。約方參與人員除王儲和穆基院長（地位和部長同）外，尚有代理計劃部長S.Kawar（農業部長）、國王顧問Dr.Toukon、DR.M.smadi、王儲經濟顧問孟果（Dr.Ahmed Mango）、DR.F.Dangistani和DR.M.Hadadin（現在是國會副議長）等人。

總統夫人行程為參觀王儲妃主持之智障工廠。

下午二時，參院議長勞醉（Ahmned Louzi，曾任首相、宮內大臣）伉儷在麗晶飯店設午宴款待。

飲飯前酒時，我和應邀作陪的約旦外次閒聊，試探中共的反應。他說：「我被抗議得要死掉。」

下午四時三刻，總統率領丁秘書長和錢部長到王宮王家墓園向約旦開國國王阿不都拉和胡笙國王的父母達拉勒國王、珍王后三處墓前獻花，隨即赴拉加旦宮，與攝政王、代理計劃部長、孟果顧問會談。

晚七時四十分，總統伉儷至王宮回拜攝政王和王妃。八時抵達，隨即交換禮物。八時三十分，攝政王與王儲妃晚宴。中方受邀者：總統伉儷、丁秘書長伉儷、錢部長伉儷、江部長、本人暨內人、劉顧問、鄭司長。

第二天，晨十時，總統由榮譽侍衛長曾任空軍司令的修頓將軍（Lt.Gen.Isam-Shoultoon）陪侍、夫人由榮譽侍衛長夫人陪侍，一行二三十部汽車，由王家侍衛開道並護送，赴摩西山觀光。中午在約旦河谷農業部長卡瓦（Dr.S.Kawar）的農場午餐。王儲伉儷在農場迎候。下午一時參觀傑拉喜古蹟。

返回王宮後，下午總統由丁秘書長、錢部長和我陪同，接見十幾位華僑。

晚八時阿不都拉親王伉儷晚宴。九時，親王伉儷陪同總統伉儷赴機場。攝政王和王妃在機場王家貴賓室歡送。晚十時，總統乘專機返航。

總統一行走後，我有幾點感想：

（一）三月底安曼大雪，總統一行到達時，積雪未融，天候不佳，原排定坐直昇機由機場赴賓館，改由王儲親自駕車和王儲妃一起陪同我總統伉儷赴賓館。十分特別。

（二）由於胡笙國王在美接受化療，王儲代理國王，也即是攝政王，等於元首。接待規格，等於是元首對元首，升為最高層次。

（三）王宮中用器，如水杯、咖啡杯，前者是嵌有一圈黃金的高級水晶玻璃，法國製造。後者是嵌有一圈黃金的英國高級骨瓷。價值甚高。總統訪問泰國時，居停於於普吉島一旅舍。退房時，甚多菸缸、浴袍、杯碟等都被當作紀念品帶走，駐泰代表處不得不照單賠給旅社兩千餘美元。總統訪問團一行住進王宮時，每間房間桌上都有一份代表處製作的「進住須知」，規定若打破一個杯、或菸灰碟，務必將碎片交連絡室，俾便洽請約方報銷。結果退房時，杯、碟用品，一樣未少。

（四）賓館大門口有一支旗桿，經問明係供國賓懸掛本國國旗之用的。我方取得約方同意，將青天白日國旗升起。

（五）遊摩西山也因天候不佳，改坐汽車往返。
（六）國內訪賓甚多未見過雪，到了安曼，總算大開眼界。卻也嚐到融雪時「冷」的滋味。
（七）我方除發賞錢給約方侍衛、賓館廚、侍、汽車司機外，一應開銷，包括長途電話費，全由約方打理。
（八）勞醉院長宴中，外交部秘書長（次長）也受邀。他雖沒向我抗議，卻向我訴苦。說他們外交部夾在中間，一方面不敢違抗攝政王的命令，一方面受到中共的強烈抗議，兩面不討好！我只能對他說：「瞭解。」

檢討

我任禮賓司科長之時，每次接待國賓完了之後，一定有一個檢討會議，由常次蔡維屏博士主持。這次總統訪約之後，我們代表處也有一次會議。我們的結論有幾點：

（一）我們人手不足，請求部方派員支援，未獲回應，大家都覺得遺憾。尤其總統只算「過境」杜拜，而部方卻派了六位同仁前去協助。厚彼薄此，令人不解！
（二）為了安排總統兩日的訪問日程，同仁足足忙了兩個月。原先準備以直昇機為交通工具，參觀、觀光的地方還包括了Petra、死海和鉀礦等。總統府的先遣人員來約，同仁分頭陪同他們到每一個可能要參訪的地方都先熟悉了一番。節目的安排、人員的調派、車輛和直昇機的座次、雙方陪迎人員的協調、宴會的細節、禮品的準備、夫人參訪節目、談話的資料、會談的重點、約方可能提出的問題、林林總總，都是要花費時間悉心計劃的。

（三）電請部方及其他派遣同仁在約旦工作的部會對接待工作有貢獻的，予以嘉獎。代表乃政務官，無有考績，故不必列名。（事後每位同仁都獲嘉獎。惟一例外是參事張長齡。未獲獎勵，我至今仍覺對不起張兄！）

（四）總統四月一日訪約，國內記者早在三月二十八九日即已抵達約旦準備採訪。天天要求代表處接受訪問。代表處擬於三月三十一日晚由代表接見記者，數日前即電部請示可否，部方說即電話指示，結果也無電話。是故也未作安排，頗引起記者們的不滿，事後他們一起向我抗議，我又無法推卸責任，只能說「對不起」。

（五）既替國家辦事，一定要有任勞任怨的風度。不可爭功諉過。事後才不致於有任何不快的回憶。這次層峯訪約，同仁都有榮譽感，爭先恐後的努力工作，表現得讓我十分欽佩。事後，我特地邀請全體同仁和他們的夫人們到代表寓所晚餐表示對他們的衷心感激。

這一次辦理總統率團訪問結束之後，我可真大大喘了一口氣。獲准和內人返國休假兩週。兩週期間，我那兒也沒去，天天和家人團聚，和小外孫女、外孫玩。身心獲得完全的休息。兩星期後，我再單槍匹馬回到約旦，繼續衝刺。一方面，我要加強和約方的關係。另一方面，我也要把辦公室好好整理一番。

部中同仁很多，但駐外使節在不同的任所前後兩次接待元首往返的，我可能是唯一的一個。而這次總統伉儷訪約，我也得到了一些教訓，更堅定了我急流勇退的決心。

附錄：（一）約旦王儲致蔣總統經國先生函影本。

（二）部長訪約時「工作人員手冊」索引部份

Amman, 11 June 1985

Your Excellency, Dear Mr. President,

It is a pleasure to be in touch with you again and I do hope this letter finds you in good health.

I am writing today, taking the opportunity of His Excellency Mr Edmund Liu's return to Taiwan after long and faithful service, to express my deep gratitude and appreciation to you for his valuable contribution to the development of strong and mutually beneficial relations between our two peoples.

For many years you have stressed the positive role that both Taiwan and Jordan can play in promoting the development and welfare of our two countries. We in Jordan share a common outlook with Taiwan in that regard, and I should like to thank you for all your assistance in promoting wider collaboration towards a more prosperous future for both our nations,

Despite the difficult and highly volatile political situation in our area, Jordan continues to strive in the development filed. Today, as we embark on

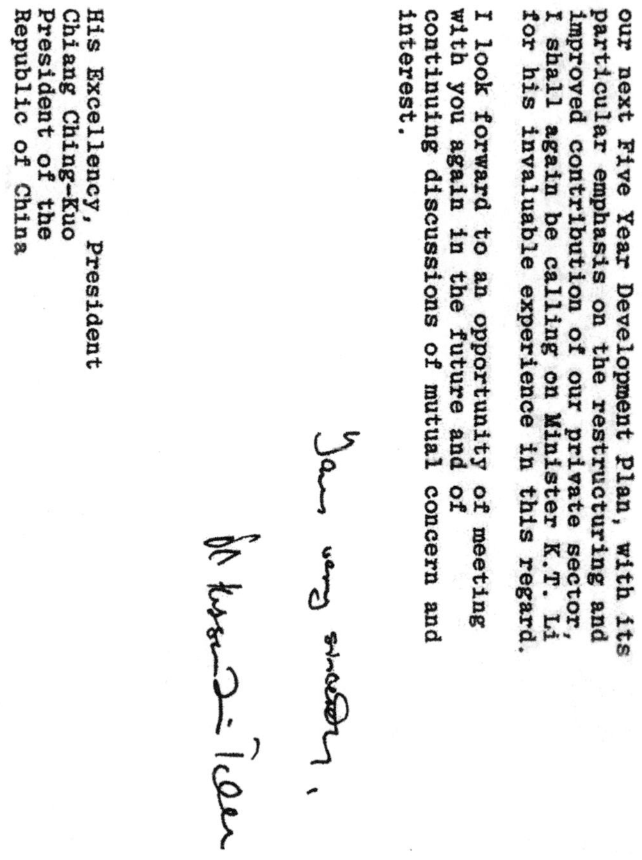

our next Five Year Development Plan, with its particular emphasis on the restructuring and improved contribution of our private sector, I shall again be calling on Minister K.T. Li for his invaluable experience in this regard.

I look forward to an opportunity of meeting with you again in the future and of continuing discussions of mutual concern and interest.

Yours very sincerely,

His Excellency, President
Chiang Ching-Kuo
President of the
Republic of China

層峯可能是由於約旦王儲哈山親王致我總統經國先生的信，再派筆者為駐約旦代表。

章孝嚴部長訪約工作同仁手冊

索引

Chapter 4

我與英屬南非三邦建交經過

前言

國與國的關係，推動者還是人。所以，國際關係離不開人際關係。一國要和另一國建立友好關係，不外兩端：一是誘之以利，一是動之以情。金援與經援，便是誘之以利。鼓吹「邦誼」、「友誼」，便是動之以情。

但不管誘之以利或動之以情，都必須遵守孔夫子的仁道，也就是「誠、信」原則。若是虛情假意，或者口惠而實不至，所得到的結果，一定是很悲慘的。

先定原則，再找門路

先述背景。

那時，民國五十三年，我是駐約翰尼斯堡總領事館副領事，雖說是副領事，卻是首席館員。總領事陳以源先生，年約六十，為人十分清廉、正直。其時我與南斐尚無正式外交關係。總領事館等於大使館。我們不但要處理對南斐的領務和僑務，也要辦理對南斐的外交。同時，總領事館，還兼管莫三鼻克、模里西斯、羅德西亞、留尼旺、西南非、乃至於賽西爾島各地的領務、僑務。由於國內經濟尚未發達，總領事館的經費十分有限，不敷應用。總領事每月都要貼錢。

有一天，外交部給我們一個指令，要總領事館和即將獨立的英署三邦——巴蘇托蘭、貝川納蘭和史瓦濟蘭——建立關係，俾便三地獨立之後，能與我建交，互設大使館。至於經費，對不起，一文沒有！

雖然沒錢，但事還是得辦。總領事召集全館人員開會。館中除我外，還有薦任主事二人，委任主事二人。

會議結果，總領事指示由我全權處理。

他對我說：「劉公（以往，部中同仁都稱彼此為公），你全權處理。要錢、要人，我支援。」

就陳公這一句話，我這個副領事居然負起和三地聯絡的重任。而且經過兩年多的努力，又居然完全達成建交設館。連我自己都認為是一個奇蹟，是不可思議——這是後話。

我向總領事報告說：「我有一位朋友，他是星期日報的資深記者，叫沙芳呑（W. Serfontein）。他曾向我提起過，最近和一批巴蘇托蘭的政治領袖在西德受過訓，彼此感情不錯。我想找他介紹那些政治領袖。而後，經由他們再介紹我們認識貝川納蘭和史瓦濟蘭的政治領袖。」

總領事說：「好，立即進行。」

第二天，我邀沙芳呑到約堡有名的三海盜餐廳（Three Vikings）午餐。沙君一口承諾幫忙，並說：「正好巴蘇托蘭有兩位國民黨的要員在金山（即約堡）我明天帶他們來見你。」

次日上午，沙芳呑果然帶了巴蘇托蘭的莫拉坡（C.D.Molapo，獨立後任外長）和乃特特（Chief Letete、獨立後，任參議員。）來總領事館見我，寒暄之後，我立即帶他們見總領事。中午便在總領事官邸午餐。（南斐歧視人種，黑人不能進白人餐館，只能把他們帶到家中用餐。）

莫拉坡和乃特特是巴蘇托蘭國民黨的重要成員。黨主席約拿旦（Chief Leleua Jonathan）是莫拉坡的堂兄。當時，巴蘇托蘭準自治政府是由十分左傾的莫克赫勒所領導的政黨掌理。但大選在即。我相信南斐政府一定不會讓巴斯托蘭落在共產黨手上。因為，南斐極端反共。我們和國民黨來往也是賭一把的性質。我向總領事報告：「莫克赫勒不可能和我們打交道，我們只能把希望寄託在國民黨身上。巴蘇托蘭地處南斐領土中，南斐絕不會、也絕不能容忍在自己的心臟上插一把刀。現在大選在即，相信南斐政府一定會協助國民黨。」

果然，南斐介入了巴斯托蘭大選。南斐所採取的辦法包括：

（一）以乾旱成災為由，南斐政府捐贈巴斯托蘭國民黨三十萬包玉米，供國民黨競選之用（玉米為土人主食）。

（二）巴蘇托蘭人口約一百萬，大約有三十萬人在南斐工作。南斐准許國民黨派人到南斐境內作競選活動。而莫克赫勒的手下卻被禁止入境。

（三）選舉前三天，在南斐工作的巴斯托蘭公民都獲僱主許可，休假三天，回國投票。薪水照給。

（四）南斐政府提供免費火車接運巴選民回國投票。

由於南斐政府的大力支持，國民黨獲得壓倒性的勝利，接掌政府。我們也放下了心裡一塊大石。

展開聯絡工作

依照原訂計劃，我們經由莫拉坡的介紹，認識了史瓦濟蘭的墨西比醫生（Dr. George Msibi）和他的兄弟披特・墨西比，乃醉酋長（Chief Letsie），顧馬洛（Simon Nxumali）和警官蘇卡迪（Sukati）、又經由顧馬洛的介紹、安排，我認識了貝川納蘭的馬錫瑞（Q. K. J. Masire）和莫槐（Archi bald Mogwe）。

（墨西比醫生在史瓦濟蘭獨立後任財政部長。顧馬洛任工商部長。蘇卡迪任副總理。貝川納蘭獨立為波札那共和國後，馬錫瑞任副總統兼財政部長。莫槐原任外交部次長，後任總統府秘書長。）

我還記得，我們認識莫拉坡不久，他便介紹我認識墨西比醫生。莫醫生似乎有點錢，經常西裝革履，穿得十分光鮮。他的兄弟披特更是張揚，經常開著他的紅色別克敞蓬跑車來見我們。他們第一次來辦公室見我時，還帶了史王駐西南市（Soweto Location，土人集居地）

代表恩柯錫（David Nkosi）。我領他們見陳總領事。照例在總領事官邸午餐。

披特和恩柯錫住在西南市DUBE區。土人富豪住宅區。

我和馬錫瑞見面卻頗具戲劇性。經由顧馬洛介紹，我和馬錫瑞互通電話，在電話中，我們約定在南斐的馬福京（Mafekin）見面。其地，離約堡二百餘公里。離莫丘地（Mochudi）、馬錫瑞的家鄉，貝川納蘭的一個小鎮）也有百餘里。見面的地點是當地一家大旅社的門口。其時，馬錫瑞是小學教員，又是塞勒茲・卡瑪（Seretse Khama）所組政黨的秘書長。時間大約是一九六四年十一月。

一大早，我開了自己的小福特獨自前往赴約。我帶了一件台灣製的七石收音機作為禮物。內人給我準備了好一些野餐食物。

中午十二時準，我在旅館門口見到馬錫瑞。因為土人不能進白人餐廳用膳，我們開車到一處空曠的草地上席地而坐，吃PICNIC。談了差不多兩個小時。之後，我送他去火車站，然後回金山。向陳公報告一切經過。

接著，我還是開著自己的小福特，三地各跑了一遍，安排我們總領事去訪問。

我們最先訪問的是史瓦濟蘭。墨西比醫生兩兄弟開著他們的敞蓬跑車從金山一直陪我們——總領事和我——到史京墨巴本，訪問期間，我們謁見了史王索布胡沙二世（Sobhusa II，史人愛稱他為Kuanyma，意為雄獅），總理馬可西尼親王（Prince Makhosini Dlamini）和好一些政界領袖。接著，我們訪問巴蘇托蘭。我們也謁見了巴王莫削削（Moshoeshoe）、總理約拿旦（Chief Lebua Jonathem）和若干政府官員：外長莫拉坡、司法部長帛諦帛諦（Chief Petepete）總理府秘書C.M莫拉坡（外長C.D莫拉坡之胞兄）等，最後訪問貝川納蘭。拜會總理卡瑪・外交部長恩瓦可（Nwako獨立後，他轉任農業部長）、農業部長左貝貝（Tsobebe）等。

自此，我們和三地都切切實實的建立了友誼。

動之以情

館裡經費有限，前面已經說過。陳總領事又不許向部方申請增加經費。是以，我出差三地都沒拿一文錢出差費。而且成了定規。甚至我們訪問史瓦濟蘭後，陳公見國王聯絡官沙其瓦約沒有手錶，回到約堡，他要我也出一半錢，我們兩人合買了一支阿米加送給沙其瓦約！

三地的外交，實際上是掌握在英國政府手上。三地的外交部長，不過徒有其名。三地獨立，英國同中共有邦交，同我無邦交，要使他們邀請我國派遣慶賀特使，而不邀中共，困難可知。因之，我向總領事建議：第一，三地都沒機場，三地政要經金山搭國際航線的飛機出國，由我負責到機場接送機，盡可能招待吃飯。這樣，會使他們把我們當成自己人，可大大的拉近友誼關係。第二，我不時親赴三地連絡，經常和當地政要打交道，加深友誼。

我每地都跑了三十次左右，結果，三地獨立，都有邀請我方派特使。

為什麼有事要親自跑、而不利用電話連絡呢？

第一，電話會洩密。

第二，當時沒直撥電話，長途電話都要經國際台轉撥、有時要等好幾個小時才撥通、既不方便，而且又聽不清楚！

第三，我要找的人不只一人，要辦的不只一事，電話費昂貴，費時，不如自己跑一趟，直捷了當。

第四，見面可長談，可餐敘，加深友誼。

此外，我要特別聲明：我從不拿出差費，而且每訪問一地，來去超過五百英哩，我都是使用自己的私人汽車。總領事館只給我加油。因為，外交部不給增加經費。

同非洲人來往，要有誠心，要有耐心，還要有寬大的胸襟。首先，他們不如西方人準時，約會經常遲到，但我們不能因此發脾氣。我們中國人從前不也是不太守時？第二，要經常準備應變。記得有一次，巴蘇托蘭副總理馬色里奔電話中對我說：某天下午五時率同助理二人到約堡公幹。希望我們招待食住。次日，他們搭趁南斐航空公司班機去倫敦。

那天傍晚，我們等到七點半鐘，那時也沒有手機，無法連絡。我們肚子餓了，先行吃飯。八點多，他們到了，一行竟有七人。總領事家裡準備的菜餚不夠，我立即開車到中國城買醬油雞、烤鴨、香腸等熟食，供七人食用。當晚他們睡在總領事官邸，而且只肯睡一個房間，全部睡樓板。

有時，他們到了機場，臨時打電話來，要我去機場接他們去Location，我立即開了我的福特去機場，請他們——大多時候是兩人——在家中隨便吃點東西，而後送他們去土人集居地。

這裡有一點我要特別提出。南斐厲行種族隔離，我們當然住在白人區。若是帶土人回家吃飯，鄰居們大都不願意。南斐政府當然也會知道：有一次我到南斐外交部禮賓司洽公，我特地向他們副司長解釋。我說：「我們和三地緊鑼密鼓的聯繫，目的在把中共擋在南部非洲之外，對貴國也有必要。有時，我們免不了會請他們到家中便餐或喝咖啡，希望南斐政府諒解。」

他表示了解。

我多次帶土人到家中餐聚，從未受到干預，相信南斐政府也默許的。

一九六五年，次長楊西崑第一次訪問三地。事先，我每一地跑了一趟，為楊次長安排日程。他到了約堡，把秘書留在約堡，由我陪他坐館車赴三地訪問。結果都很圓滿。

待之以誠

南斐是厲行種族隔離的國家。黑人在社會中地位最低。處處受歧視。他們有錢也不能進入白人的旅館、餐廳或電影院等公開場所。甚至坐電梯，搭汽車，都是黑白分開。公園裡的椅子都標明「僅供白人」（European Only）等字樣。古詩說：「渴者易為飲，飢者易為食。」受歧視的民族一旦受到其他民族的尊敬，當然容易成為互相尊重的好友。我們便是遵守這一個原則，把黑人看成和白人、和中國人、日本人一樣。要跟他們相交，便容易多了。

我特別舉一個例子。

有一次，我陪同由台大教授黃啟杜率領的農業訪問團到史瓦濟蘭訪問。那天晚上，總理馬可西尼親王有一個酒會參加酒會的，除了我們訪團外，還有大約二十餘位本地人士。美駐史領事坡斯特也在受邀之列。

工商部長顧馬洛突然問我：「艾德蒙（我英文名Edmund），我們二十多人參加酒會，你能叫出幾個名字？」

我說：「全部。」

他有點不相信。

於是我一一說給他聽。之後，我說：「我們是誠心交朋友的，那能連朋友的名字都不記得！」

顧馬洛大為驚奇，也大為高興。他立即對身旁的美國領事說：「你看，這位來自中華民國的劉領事能叫出我們全部賓客的名字。他們是誠心來交朋友的。你能叫出幾個？」

我看到美領事很尷尬，立即把話岔開。

而後，顧馬洛又向馬可西尼親王報告。

這雖是一件小事，但對我們和史瓦濟蘭的交往多少有些幫助。

還有一次，莫拉坡到貝川納蘭首府嘉柏隆里，當地只有一個小旅館。我和他在旅館接待處碰到。我先到，而且我總是先打電話訂好房間。他到的時候已沒有空房，正不知如何是好，我對他說：「我的房間是雙床房（double bed room），你可以跟我合用。」他十分高興。尤其他的房飯錢也全由我付清了。他任外交部長後，不論我在何處，每年一定給我一個聖誕卡，由我駐館轉，一直到他去世，從未間斷過。

建交設館

一九六六年，貝川納蘭和巴蘇托蘭將於九月底和十月初先後獨立，我使盡渾身解數，終於獲得兩國邀請我政府派特使參加他們的獨立慶典的邀請函。我兩年來的努力，總算有了初步的成果。

其時，我與貝川納蘭的連絡對象是外次莫槐（A.Mogwe）。和巴蘇托蘭接觸的對象包括總理約拿旦、外長莫拉坡，和司法部長帛諦帛諦。獨立慶典之前，我還曾跑了兩地各三次，交涉他們獨立之後即與我簽署建交公報。莫槐說要等獨立之後才能辦理。但他一再向我保證，「不會有問題。」約拿旦總理卻十分合作，我把事先拟好的建交公報呈給他核。改了一次，第三次我再去見他，才完全定案。

我們總領事館當然把這些結果報告了部方。

我政府派楊西崑為慶典特使。由於兩國都沒有像樣的旅館。不能容納太多人，是以規定，只接受每國派特使一人參加。特使的配偶或秘書都不在受邀之列。只有我國，事先交涉好，由我陪同特使一起參加，是唯一的一個例外。

九月底，貝川納蘭獨立為波札那共和國（Republic of Botswana），未即時與我建交。獨立後，我又跑了好幾趟嘉柏隆里（波京），終於在同年十二月，波札拉同意和我簽署建交公報。

十月一日，我又陪同楊次長赴巴蘇托蘭京城馬色路（masern）。傍晚抵達。次日全天參加典禮活動。巴蘇托蘭獨立後成為賴索托王國。三日早，我陪楊次長到總理府謁見約拿旦總理。寒暄之後，我拿出原由總理核定的建交公報兩份，總理當即簽署，楊次長代表我政府簽署，兩方各保存一份。之後，我們驅車返約堡。

在路上，楊次長對我說：「慢卿兄，這一趟你辛苦了。記得依規定向部方報出差費。至於呈部電報，我就不麻煩你了。我要我的秘書擬稿，用我隨身攜帶的電本傳譯。」一番話說得好貼心。

兩國獨立與建交設館，陳總領事因功升任駐馬拉威大使。

一九六八年史瓦濟蘭獨立，我還是取得邀請函邀請我方派特使參加。之後，三地都和我建立了大使級外交關係，我也就調部辦事。

尾聲

曾經有同仁懷疑：劉瑛一個副領事，竟能和三國連絡、建交，實在不可置信！

我一點也不想爭辯。

陳雲階先生（陳雄飛大使字雲階）在世時，有一天，他邀我同進午餐。我對他說：「法語國家與我建交設館，不敢說全部、最少，有極大部分都是您的功勞，可惜，所知道的人卻不多！」

雲階先生說：「事情辦成了，是公務員應盡的責任。外人知不知道，到也不必放在心上。」

說得真好，可不是嗎？

附錄

報告

一、本年七月八日上午美駐華大使館二等秘書柯彼德（Peter W.Colm）電話告職，據貝川納蘭總理卡瑪告美駐貝領事稱，貝獨立慶典（本年九月三十日）邀請國家包括所有非洲國家、西歐國家（葡不在被邀之列）、東歐國家中之蘇聯與南斯拉夫、巴西、日本、匪偽與我國。每一被邀參加慶典國家僅能派代表一人。依照卡瑪總理說法，因人數限制，可以使蘇聯及匪偽不參加慶典。卡瑪繼稱貝川納蘭將不允匪共設館。據稱彼曾與尚比亞總統卡翁達會談，尚總統當告其尚國很多不安寧均係由於匪共使館暗中策動之故，等語。

二、又據柯彼德……書告：上開各節已告知約堡總領事館劉副領事。

三、僅將上情暨本部致楊次長電稿一份，呈祈鑑核示遵為禱。

謹呈

部次長　（殷惟良）　非洲司　謹簽七月八日

（註：其時本人為駐約堡副領事）

說明：

這是當時非洲司司長殷惟良先生的呈部長報告他特地用毛筆加了一條說：上開各節「已告知劉副領事」。其實告知我的是貝川納蘭政府。他們並且對我說：「若貴國先提出特使人名，貝政府會立即公佈。中共見了便不會派特使了。」我為此未經部方同意便先報出「特使是楊西崑。」結果當然是楊西崑。我這種冒險行為，日後想起來還有點心跳不安呢！

Chapter 5

自波札那下旗回國

前言

民國五十四年五十五年，我在駐南斐約翰尼斯堡總領事館任副領事時，承總領事陳公以源之命，負責聯絡當時尚未獨立的巴斯托蘭、貝川納蘭和史瓦濟蘭（Basutoland Bechuanaland Swaziland）三個英國殖民地，我開著自己的小福特，出錢出力，每地我都去訪問過近三十次。這三地獨立之後，都和我國建立了邦交。我也於民國五十七年底奉調返國。也許是我作得不夠好，不夠多，回到部裡，差一點連科長都沒升上！至少是我不會表現吧！

民國六十一年初，我由科長外調到駐波札那（獨立前稱為貝川納蘭）大使館任一等秘書。當時我國駐波札那大使，是楊西崑次長一手拉拔起來的「親信」劉新玉。他在非洲司只作過科長，楊某派他到駐馬爾地夫大使館任一秘代辦。旋即升任參事代辦。而後升任駐波札那簡任大使。新玉兄和我是高考同年。我名列第九，他名列第三十二。倒數第二名。當時，他是簡任九級，我是薦任一級拿簡任九級的年功俸。我之被派到波札那，是經過楊西崑「精挑細選」的。

波札那的總統是塞勒茲•卡瑪。副總統是馬錫瑞是我認識的第一個波札那人。我認識他時，他是小學教員。農業部長恩瓦可原是自治政府成立時的外交部長，自治政府的外次長莫槐已貴為總統府的秘書長了，他們都是我的布衣之交。

離台赴任之前，非洲司副司長洪健雄兄對我說：「部方好幾次想邀莫槐訪華，但都未得到正面答覆，你和他是老朋友了，你到任後，一定要促成其事。」

我說：「好，一定。」

六十一年三月二十一日，我們一家四口，到了波京嘉柏隆里，數年不見，波京果然改變了些。大使館中除大使劉新玉外，還有兩位三等秘書：謝棟樑和劉好善。一位當地雇員小姐。

此外，我派有農耕隊。隊長董立，出身台糖。我到任後不久，董立任滿回國，由陳榮輝繼任。他們都學有專長。

我初到任之時，便立即和莫槐打上了交道。他的女兒和小女，同上私立Maru-A-Pula中學讀初一，而且同班。她經常到我家和小女一起作功課。喝下午茶。

恩瓦可的夫人卻經常來我們家串門子。她比較胖，大概在八十公斤左右。她好吃（所以會胖），內人喜歡作蛋糕，作點心。鹹的點心如cheese finger，甜的點心像Bowtie，經常作給兩個孩子吃，女兒、兒子（當時讀「刺樹山」小學）的同學來了，也都愛吃。恩瓦可夫人來了，一杯牛奶紅茶兩件蛋糕，或兩件點心，和內人閒聊。

此外，我跟他們的新聞局長、禮賓司長和郵政總局長，也相處得很熱絡。最有趣的是我們組織了一個集郵會。會長是工商部商業司司長英國人安德生，我們都叫他是「恩第」。我是集郵會的副會長。會員中有一位南羅德西亞（現稱辛巴威）白人，名字忘記了，他也是英國人，移民到南羅。他的父親曾是大清帝國時的稅務司。所以，他手頭上有很多袁大頭、孫小頭。還有許多清末民初的郵票。我們集郵會每月集會一次，彼此交換郵票。交換的規矩，不問面額，不問價值，一張換一張。我用清明上河圖、八駿圖、出警入蹕圖等全新郵票，換了他許多清末民初的舊郵票，皆大歡喜！

新聞局每年有名額，邀請各國主管新聞的官員訪華。我終於說動了他們的新聞局長「哈拉捉嘿」訪華。而後，我又促請莫槐訪華。劉大使對我說：「此公唯唯否否，完全沒有訪華的意思。」有一天，劉大使全家由司機開館車載去莫三鼻克渡假。他打長途電話回大使館問事，我告訴他：「莫槐已同意訪華，而且日期都說定了。由於時間急迫，我已電部請示。」他甚不以為然。認為莫槐不可能成行。他既不能成行，而我們先去了電報，會使我們大使館難以下台。

但莫槐當然成行。只可惜，部方雖急於邀他訪華，他訪華時，似乎未得到他所預期的禮遇。他離台時，有一個包裹，託外交部代為寄回波札那。誰知我們總務司竟把他的行李由海運寄發，包裹上未列國名，只寫了波京「Gaberone」，結果寄到了甘比亞（Ganbia），我駐甘比亞大使館又把那件行李再海運寄波札那。莫槐收到時，已是他離台十個月之後！包裹中重要物品都不翼而飛了。莫槐向我訴苦，我告訴大使，大使也只能搖頭。（此事，疏忽的同仁沒有受罰，受害的貴賓沒有得到任何補償。我很氣，但又能如何？）

總之，我在波京工作了近兩年，總覺局面不但打不開，而且各方面的壓力越來越大。先說農耕隊，隊員一個個白白胖胖，似乎都沒下過田。早上九點鐘我到農耕隊，還有幾位沒起床呢！他們說：「因為昨天晚上陪你們大使打麻將，天亮才回來。」

然後是恩瓦可農業部長向我訴苦，說農耕隊報假賬，說是訓練了多少當地的農民，根本沒有那回事。

而後禮賓司長又警告我說：「你們農耕隊員和我們的小姐相好，生了孩子不管。告到法院，每月要給孩子五個波鍰（七塊美金）的生活費，結果既不實行，甚至一走了之。她們直接向ＨＥ（指總統）控告，你看要怎麼辦？」

還有郵政總局對我說：「你們外交官只要簽一個名便能提領包裹，不用上稅。你們有人經常一個月進口十幾個包裹，實在不好。財政部司長佛格遜（英國人）警告過我！」我說：「請你用書面通知我，統計幾個月的包裹數，告訴我，我會去跟大使說。要同仁注意。」

他果然給了我一封正式的公函。但我沒辦。那封信始終擺在我私人檔案裡。

還有：大使館和波方的互動實在太少，有一天副總統馬錫瑞夫人來我家，對內人說：「大使夫人送給她的聖誕禮物是一件襯衣，尺碼太小，無法穿，想換一件大一點的。大使夫人說：『沒有！』」我檢查那件襯衣，乃係我國參加約堡復活節商展的「剩餘物資」。實在太小。我說：「沒有關係，我會替您再找一件大一點的。」我們到約堡時，在百貨公司買了一件大號的送給她。另外送了她一雙皮鞋。

總而言之，我發現：兩國的關係正日趨惡化中。在自覺無力挽回頹勢的情形下，我埋頭讀書。一方面在南非大學修讀博士學位。一方面撰寫了幾篇文學史和唐史的論文，在「中華文化復興月刊」中發表。

斷交

民國六十二年秋，傳聞波札那可能與中共建交。由非洲司司長轉任駐史瓦濟蘭大使的鄭健生兄特地寫了一封信給我。探詢詳情。大意說：南部非洲三國——波札那、賴索托、史瓦濟蘭——唇齒相依，關係密切。萬一波國發生問題，不免影響到其他二國。吾兄熟知三地，請將個中情形剖析見示。

我把信給大使看。我怕他吃味，特別告訴他：我和鄭大使的兄弟鄭健平同學，任科員時同住一個宿舍，和鄭伯母也很熟，所以他寫信給我。

但劉新玉仍然不高興。認為「這等大事，應該寫信直接向他探詢內情。」因為他是大使，我是一秘！

過不幾天，我駐賴索托大使劉達人博士也寄給我一封信，表示關切。信中還說：「二地由吾兄一手促成建交，仍盼大力掌握契機，穩住局勢。」我可不敢再把信拿給劉新玉看。

我回了他們兩位大使的信。只說「目前情勢還不致壞到要斷交的程度。」但我憑直覺，也發現了許多蛛絲馬跡。

馬錫瑞是副總統，我不便問他。莫槐雖是總統府秘書長，但我和他的往來頻繁，交情不錯，自可旁敲側擊，探出一點端倪。

六十一年十一月中，莫槐一家人來到我家晚餐。三杯黑標約翰走路後，他臉色凝重的對我說：「HE（指總統）對你們不太滿意。」他提出了六個理由。他說：

「一、我本不願去台北，你來了之後再三勸促，我才勉強成行了。回程時我為家人買了一些東西，請你們外交部航寄。你們先把我的東西寄去了甘比亞（按：我外交部把波京Gaborone誤成Gambia）而你們駐甘比亞大使館竟將那一個包裹改由海陸寄運，等我收到，已是十個月之後。足見貴國政府根本不重視我，不重視我們的國家。第二，H・E請求你們協助開發Mogabane農場，事隔年餘，還只得到很不確定的答覆。第三，我們一直希望你們的農耕隊不只是設一個示範農場，我們希望推廣，你們一直沒回應。第四、我們的議員到農耕隊參觀，你們說已經訓練了若干若干農民，卻沒有名單，顯見是虛報。第五，農耕隊員經常和當地女孩子姦宿，生了兒女，經法院判決，孩子的父親得按月給予奶粉費，有的給，有的乾脆回國不理。H・E的家門是敞開的，這些拿不到錢的女子竟向H・E告狀，引起H・E的反感。第六，一位埃及醫生向H・E報告，一位才十三歲的女孩子被你們農耕隊員弄傷下體，血流不止，送到醫院縫了好幾針。那位醫生罵你們的隊員是畜生。諸如此類，一時也說不完。假如不改善，明年三四月大選，經過我們兩個人很長一段時間努力建立起來的中、波邦交，可能要發生問題了！」

於是，我寫了一封信給非洲司副司長洪雄雄。告訴他：「假若不緊急搶救，來年三月，兩國邦交可能發生問題。」但並沒有把六點理由全說出。

建雄兄把我的信轉呈司長，最後信呈到次長楊西崑那裡。

一般館長都報喜不報憂，而且大多誇大其詞，誇說自己如何努力，對方如何友好，雙方關係如何密切。我們的大使當然也不例外。楊西崑看到我的信，他早已有先入為主的看法，而且，我想，他一定以小人之心度君子之腹，認為我是「不服氣」而告狀，他大罵：「劉瑛混蛋！波札那政府也不是他開設的，怎麼肯定說明年三月波札那會對我們採取不友好的行動？」

民國六十三年元月，波札那外交部禮賓司長來我家晚餐。飯後，他突然問我：「同貴國有邦交的還有哪些國家？」

於是我送給他一本《中華民國外交年鑑》。英文版的，當然，我心中不免嘀咕：「難道波札那真的要同我國斷交嗎？」

常言道：「冰凍三尺，非一日之寒。」中波關係日趨惡化，原因甚多，因係題外之話，在此不擬多作解釋。

三月二十一日，我到波札那正好屆滿兩週年，波札那外交部次長的秘書一早電話給劉大使，說是次長要在十點鐘見劉大使談話。劉大使接到電話後，顯得十分緊張。因為，外次和他從來沒有來往。他召集我們三個館員商量。問：「會不會是要斷交的前兆？」

大家七嘴八舌，都不敢下定語。我直捷了當的說：「絕非好事！」

劉大使只去了半個鐘頭便回來了。他是胖子，回館時，臉色蒼白，一臉汗珠。他還沒開口，我們三個便知道大事不妙。

大使說：「慢卿兄的猜測沒錯。波札那決定要同我斷交，準備同中共建交。」但、後來我們才知道：外次要他四十八小時離境。他當時一字未提。

劉大使原有二女一子。兩個女兒早送去美國了。四月一日，他們兩口子，帶了小兒子，一家三口，坐Air Botswana的小飛機去約堡轉機回國。四月份還沒過完一天，他已經把四月份的公費全報銷光了。一分未剩。他把爛攤子丟給我收拾。

我奉部令暫代館務，主持關館。

關館

在大使離波京前，我先把自己私人的東西處理好了。一百塊錢買的東西，能賣出三十塊錢就算不錯了。冰箱、冷氣、地毯、沙發、床舖、餐桌椅等，都以非常小的價錢處理掉了，真是損失慘重。而後，我草擬了一個關館計劃。

我讀聯勤總部編譯人員訓練班時，軍事教官一直強調作戰計劃或演習計劃的重要性。他說：「一個好的作戰計劃，能達成百分之五十便算不錯。作任何事，都必須先有計劃。計劃越詳盡，越完善，成功的機率越高。別擔心好的計劃無法完全實現，能實現百分之六十，就可以拿到八十分。壞的計劃即使完全實現，可能還不及格呢！」

說得真好。

關館的工作對我來說是生平第一次。沒有書可參考。只能憑空想像。在沒定計劃前，我先想到幾個原則。第一是安全。同仁和眷屬的安全。第二是乾淨。絕不容許混水摸魚。趁火打劫。第三是時間，越快結束越好。

我的計劃分四部分：

（一）人員：安全第一。

1. 全體同仁和眷屬集中住進官舍。力量集中，應變方便，盡量減少外出。

2. 農耕隊員儘速結束業務。人員儘早離境。

（二）公文

1. 無保存必要的公文，及早銷燬。

2. 重要公文，整理裝箱，隨身帶回國內。

3. 電本碼本，請示部方後處理。

（三）資產

1. 不動產交由地產公司標賣，期限一個月。

2. 大使館公物，列表造冊，交由拍賣公司拍賣。

3. 水、電、電話公用事業賬單，及時清理完畢。

4. 館車、開往南非約堡，交駐約堡總領事館處理。

（四）農耕隊

1. 較新汽車、機械，電部核准後，交與駐賴索托與駐史瓦濟蘭農耕隊。
2. 其餘公物，包括汽車、機械電冰箱等，列冊移交波札拉農政單位，並報部。
3. 暫留用農耕隊隊員小洪一人，協助關館作業。

辦理情形

大使夫婦和公子三人四月一日晨離波京赴約堡轉機返國，我和兩位秘書三家人當日及全部搬到官舍中居住。房間足敷使用。

第二天一早，我和三秘好善兄將館中公物，由我一件件找出，好善兄造冊、列表。第三天，找來一家拍賣公司在大使館庭園中舉行拍賣，由上午八時到下午兩時左右，全部賣出。所得款項，兩方都有登記。現款全由拍賣公司拿去，再由他們扣除佣金後，開一張支票給大使館。我們把他們的支票向當地銀行兌換美金，電匯外交部。拍賣的帳冊則航郵呈部。

至於館、官舍（原造價核定為兩萬八千斐鍰，折合三九二〇〇美元。後濮大使修改藍圖。實支出四二〇〇〇斐鍰。）；拍賣底價是六萬美元。結果只有一位華僑出價五千南斐幣，約合七千美元。相差太遠，當然流標。房地產公司那位經理對我說：「你們的房產不能賣，將來要移交給中共。」

我駁他說：「在波札那還沒和那一邊建交換使之前，我有權賣房地產！」開標那天晚上，莫槐來我家閒聊，喝酒。他問我拍賣開標的情形。我告訴他：「流標了。」

他鄭重其事的對我說：「你只管慢慢的賣，我們不會趕你走的。只是，你們的房產正好座落在HE官邸的對面，承購者必須獲得我們的同意。」

我腦筋一轉，我對他說：「這一點我們當然會遵守。可否請你給我來一封正式的公函，我可以向我們部方解說。」

他同意了。第二天，他把信拿給我。我送了他一箱黑標約翰走路，他高高興興地走了。臨走前，他拍拍我的肩膀說：「不要耽心，在你沒離開前，我們不會讓那邊人員進駐的。」

第二天，我拿著那封信，雞毛當令箭，去見卡瑪總統的一位好朋友，一位擁有一百萬頭以上牛隻的白人波札那公民，說服了他。他願出四萬斐鍰，我要他加五千連傢具全奉送。他也同意了。立即開了一張四萬五千斐幣的支票給我。我拿到銀行換了六萬三千美金，匯給外交部。

次日一早，我們三家人，舉行了一個下旗儀式，之後，三家人，三輛汽車，離開了嘉柏隆里，前往約翰尼斯堡，再轉搭飛機返國。（我們的行李早經交由海運公司運走了。）

檢討

回到台北，我檢討自己的關館計劃和實行的情況，發現有兩個大漏洞：第一是沒有危機意識，沒有準備應變措施。第二是對當地僱員的處置，完全沒考慮到。

先說危機意識。

據說我們在某一法語非洲國家、該國政府宣佈與我斷交後，立刻有暴民衝進大使館和同仁的住家中搶劫。波札那是一個比較文明的國家，而我的那些布衣之交，從副總統、總統府秘書長、農業部長等，到甚至當時的外交部部次長，都一直容忍我，他們都有說過：「你祇管從容處理一切，我們不會催你走。我們也不會在你沒走前讓那邊（指中共）的人進來。」甚至一兩年後，我們同仁潘明志先生在中美洲遇見莫槐，他還向潘明志兄特別提起我，誇讚我。潘兄曾在他寫給丁懋時次長信中說明過。萬一波官方對我們不友善，暴民來搶劫，那該怎麼辦應付？

每一想起自己對「危機意識」沒弄得清清楚楚，沒任何計畫應付，總覺得背脊發涼，冷汗直下。尚幸老天爺保佑，沒出大事。

第二，館中司機一人。當波政府於三月廿一日宣佈與我斷交時，他立即要求發給他當月（三月）薪水，辭職不幹。雇員小姐一人，依然按時上班。後來我們關館的工作差不多要結束了，我請准外交部多發給她兩個月薪水的遣散費。司機得悉之後，跑來辦公室也要兩個月薪水。為了息事寧人，我多給了他一個月的薪水。他也歡歡喜喜的走了。雖然沒有發生事故，但事先沒有計劃，沒早早的和雇員司機溝通，我總認為是不對的。

第四篇

雜記

作者陪同布衣之交的賴索托總理約拿旦晉見副總統嚴家淦先生。

Chapter 1

葉公超談「外國人眼中的中國外交官」

在外交界工作了四十年之久。其間我所接觸到的外國外交官，以南斐和泰國的外交官令我印象深刻。

我在駐南斐約翰尼斯堡總領事館任副領事時，我所接觸到的，如當時任過副領事回部的普利托利亞史（W.Pretorius），後來出任過駐中華民國大使，無任是外表、風度、言談、舉止，都達到了一定的標準。還有一位法畬費容（Viljoen），個子比較小，但非常精明強幹。

除了英文南斐文外，他的法語也非常道地。另一位後來做過南斐駐英大使的沃若博士（Dr. D.Wureall），他曾經是我在南斐大學讀博士學位的指導教授。畢業於美國耶魯大學。他的國際公法和國際關係都研究得非常透澈。他還曾訪問過台灣。他們的風度、言談，都中規中矩。

泰國的外交官外語能力都很強。我所接觸過的，如諾博士、匹且博士，他們英語說得和美國人完全一樣。原來他們都是從初中便送到美國讀書的。他們一個是亞洲局長，一個是次官補，後來升了次長。還有一位女性司長，姓名忘記了。他是主管聯合國事務的。我去見她時，看見她的部下對她那種恭敬的程度，便可想見她是一位甚有權威的主管。

最令人佩服的是他們都非常「外交」。該強的時候強，該軟的時候軟。無論談判什麼問題，都能表現得態度誠懇，語氣平和。該讓步的時候，他們不會堅持。該堅持的時候，他們絕不退縮。

民國五十年三月二十八日，葉公超先生時為駐美大使，返國述職之便，在外交部以「外國人眼中的中國外交官」為題，和老部下們閒話家常。

下面是他談話的摘要：

「外交部的組織，是繼承前清總理各國事務衙門而來。陳繼棻先生（註）是碩果僅存的總理各國事務衙門簡任秘書轉到外交部任事的老人。當時荷蘭駐華公使便曾對陳老說：『總理各國事務衙門的人事制度非常好。』總理各國事務衙門成立於咸豐十一年（一八六一年），職員都是從禮部等其他部中挑選出來的。

「此時，有若干留學生學成歸國，派在總理各國事務衙門工作。他們都不是科舉出身，外文程度不錯，中文卻不能跟那些科舉出身的同仁相比。因此很不為同僚看得起。清廷雖然都賞給他們一個『賜同進士出身』的封號，而這些『假洋鬼子』們，不熟悉國情，不熟悉奏摺，沒有作為。

「總理各國事務衙門的組織是抄襲英國外交部的。尚書管政策。侍郎掌事務。至於極機密的文件，尚書直接與軍機處洽辦，奏呈皇帝。他可以不必讓侍郎知道。也可以讓侍郎知道。這是很健全的制度。

「我是民國十四年考進外交部的。當時的考題，是將北京早報的社論一篇，翻譯成英文。沒有薪水，只給稿費。論字計酬。但一個月不能超過一萬字。待遇連雇員都不如。那時候，我在北京大學和北京師範大學教書。和我同時考進外交部、現在還在部中任事的，只有黃克綸和潘蕃孫。他們進部都派在條約司第三科辦事，一兩年後才升為科員。

「而後，又有許多留學生回國，進入外交部工作，那時，即使是博士，進部也不過作科員。民國二十年後，博士回國才有做科長的。

「我對留學生的印象，大概分成三類。第一類是有錢人子弟。在國外不讀書。回國後專攬關係，到處活動。目的只在升官。第二種是：外文不錯，國際公法不錯，卻不懂得如何處理個案。第三種，謙虛有禮，埋頭工作。這種留學生最有出息。我最佩服。

「留學生進部工作，若不經過考試，總說不過去，於是當時北京外交部對留學生也要稍微考試一下，做一個樣子。考試十分簡單，由主考官唸英文單字二十個，應考者一一翻譯出中文即可。不但簡單，而且幾乎是兒戲。據說有一位考生，居然把『鼻』子的『鼻』字，『草頭』寫在上面，『自』和『因』寫在下面，鬧了個大笑話。部中同仁談起『留學生』進部的，稱之為『草字頭的』或者叫『倒鼻子』。或謂其人為曾作過外交部長的顏惠慶。但顏老的程度很高。我不相信。只是部中卻傳聞如此。（按：顏惠慶曾任北京政府的外交總長。或許因此，同仁對他有反感。才有此一謠言。）

「袁世凱的秘書長梁士詒曾對我講過一個故事：他說袁世凱對起用青年外交人員特別注意，要梁士詒擬一個留學生名單，呈給他挑選任用。梁士詒擬了一個名單，其中有回國已一兩年的，有才從國外回來的，一共十七人。此時，孫寶琦擬了一個條呈，認為留學生不能用。如要用，也必須接受數年的訓練才行。孫要梁轉呈袁世凱。梁看了之後，告訴他，千萬不可以上呈。因為，孫的意見，恰好和袁的意見相反。這個呈文結果歸在外交檔卷中。可能現在還能找得出來。

「梁士詒所擬的名單，第一名是顧維鈞。其時，顧才二十三歲，袁世凱還特別交代：要多注意北方人才，莫讓南方把北方菁英搶去了。（按：其時南方有廣州國民政府的外交部。）

「名單的順序是姓名、年齡、籍貫。顧維鈞的名下注云：『字少川。係唐少川之婿』袁看到了立刻說：『少川字要改掉。女婿不可和岳父同字。』袁世凱似乎對梁士詒的名單很滿意，要他立刻送給外務部派任。（按：民國成立之初，外交部沿用清廷原名外務部。元年三月十日，袁世凱繼孫中山先生之後就任第二屆臨時大總統，乃將外務部更名為外交部。）

「袁世凱召見顧維鈞，立刻派他去墨西哥任駐墨西哥公使。顧維鈞坐船赴任，船抵金山，適逢駐美代辦出缺，外交部電令顧維鈞赴華盛頓，就任駐美公使。

「我用人還是喜歡用國產貨。因為他們受過較高深的中國文化的薰陶。其次是留美的，再其次是留法的。（按：葉公曾在美國讀大學，英國讀碩士，法國研究一年。）

「從前，只有中央政治學校（現已更名為政治大學）外交系畢業的學生，不必經過考試，便可進外交部工作，我任常務次長時，取消了這個規定。因為，這個規定對其他學校的畢業生不公平。也沒法吸收更多人才。

「我在外交部任參事（按：參事地位在次長之下，司長之上。次長十四職等，參事十三職等。司長十二職等。），兼代歐洲司司長時，覺得有一點『生』。一天，我去看吳稚輝先生，提起這個問題，他問我是那一種生、是『欺生』，還是『怕生』？他說：『怕生就不必了，欺生也沒關係，一個生人到一個鄉村中去，免不了會被村中的狗嘷叫的。這是當然的。一個留學生回國任事，沒經過正途出身，而官居高位，別人心中不免不舒服，當面不好意思說什麼，背地裡免不了會吐一口口水。人到鄉村裡受犬吠，這是免不了的。』」

最後葉公超才進入正題，說外國人對我國外交官的評價。他說：

「我去英國，會見曾經任過英國駐華大使的賈德幹，其時，他是英外務部次官。見面時寒暄一番。而後談起中國外交官的工作態度和處事能力。他說，據他觀察，在他所接觸過的世界各國外交官中，中國外交官應居第一、二位。

「後來我見到英國駐埃及高專曾任駐華大使的蘭姆生，他也頗讚美中國外交官。美國國務院的官員私下對我說：中國外交官的素質至少居世界第三位。

「我到日本，見日本首相吉田茂。吉田是外交世家，曾在中國多年。他說：中國外交人才實在了不起。又說：日本外交官不到中國任事，不可能升到很高的職位。現在日本有名的外交家，都是從領事秘書幹起的。

「吉田首相問起我十多位老一輩的同仁是否還在外交崗位上。我告訴他，都還在部中工作。他點點頭說：『很好。中國外交人才很了不起，他們的素質不是世界第一，便是世界第二。還有，你們外交部傳承了當年總理各國事務衙門的精密組織和工作精神，真了不起。當年若非總理各國事務衙門的精密組織和工作精神，恐怕中國在義和團事變後便解體了。』

「我們外交部的組織和處事規程，確是承襲總理各國事務衙門而來。它的素質，高出各部會之上……」

外國人居然評定我外交官素質世界第一第二，這份榮譽可得來不易，可不能在我們這一代同仁手中不爭氣給丟掉！

那一年我和吳子丹兄追隨關鏞大使到南斐開設大使館，駐南斐外交官多有利用特權進口本地人不能進口的豪華轎車，兩年後賣出，可賺數以萬計的美金。我們大使館館務會議中通過決議：大使館同仁不得進口豪華轎車。記得子丹兄買的是南斐通用汽車公司的雪佛蘭。秘書劉國興、酆郘和我買的是南斐豐田。都是南斐生產的。有一天碰到已貴為外交部副司長的費容，他對我說：「你們大使館了不起，沒有人貪非分之財。」我也頗引以為傲。

一年半之後，我奉命平調駐尼加拉瓜大使館任參事。因為沒滿兩年，我的豐田二千西西要補稅，也只補了三百二十七美元的稅。若是我買的是法拉利或保時捷，我可得補三四萬美元的稅呢！

註：我進部時是民國四十六年，陳繼棻先生已七十多了。當時政府沒有退休制度，是以陳老先生仍以簡任秘書名義在部中領一份薪水。不久辭世。其夫人則一直住在北投外交部新華宿舍。有一天宿舍起火，陳老太太九十餘歲，走避不及，遂被燒死！

外交官難爲

民國六十六年，政務次長楊西崑將我從駐南斐大使館平調駐尼加拉瓜大使館參事，襄助由中國國民黨副秘書長轉任的駐尼大使薛人仰。雖然我到南斐工作才一年半，但上命難違，只好隻身赴中美，到內戰一觸即發的尼加拉瓜履任。

六十八年五月，尼內戰由零星戰鬥全面爆發。尼京馬拉瓜發生巷戰，所有商店都緊閉門戶，居民沒地方買食物，若干超級市場被暴民撬開門戶，搶成一團。情形十分紛亂。

巷戰開始的第二天，大使館譯電員李漢文餓了一天，冒險跑到大使館，然後電話大使求救。

大使電話高武官，高武官以巷戰激烈，不敢出門。大使再電話一等秘書丁珂，因為丁秘書住得離大使館最近，請他幫忙。但丁秘書也一口回絕。最後，大使只好打電話給我。我曾於數日前向大使分析政情，認為情勢已緊迫，請大使動用外交部匯來應變的經費，買一些冷凍食物、罐頭食品、米麵等乾貨，還有汽油、瓦斯和礦水，準備應變。但大使完全無動於衷。好在我和薦任主事韋鶴年買了一大堆食物和汽水，足可應付個把月。我們若把李君接出來，他也只能和我們一起生活了。我答應去大使館救人，但對於大使不聽忠告，不免埋怨了幾句。大使也自覺慚愧，不敢答辯。

韋鶴年開車，我坐前座，把一根竹棍上綁了一件白色T恤，開車前往大使館。一路上都聽到五零機槍的沉重吼聲。間或也有驚呼的聲音傳來。似是有人受傷。尚幸一路無阻，汽車開到了大使館。但大使館門口已集合了四五十個暴民，看他們的樣子，似乎要破門而入，搶大使館。

我們把車停下，韋主事不會西語，我只好下車，用結結巴巴的西班牙話和他們看似是帶頭的幾個中年人溝通。

我告訴他們：我們大使館裡完全沒有食物。不信，請他們派兩位朋友跟我一起進去看。到了大使館裡，李漢文君呆坐一邊，他身前的桌上擺了幾十本電碼本和密表。見到我，好像溺水的人遇到了救星，站起來迎接。

我把兩位暴民頭子帶到只有燒水電爐的廚房，打開唯一的一個單門小冰箱，裡面只有泡茶用的小半瓶牛奶，再沒有任何食品。兩位暴民頭子看了我們家徒四壁的廚房後，知道我們說的是事實，說了幾聲對不起，然後走了。也帶走了全班人馬。

李君深知電碼電表的重要，事先便把好幾十本碼、表打成了包裹。我們三人分別各提了兩大包，放上車，鎖上大門，才離開。

回住所的路上，有亂兵拿著槍對著我們的車。意思是：萬一我們有一點讓他們起疑的地方，他們一定會開槍的。不是步槍，是可以連發的自動步槍。

老天爺保佑，幸好沒出差錯。

一星期後，大使館全班人馬連農林團十數名大漢一起乘坐由駐瓜地馬拉毛起鵬大使設法租到的小飛機、將我們由尼總統私人機場接到瓜地馬拉城避難。

數日之後，叛軍桑定路綫大獲全勝，總統蘇莫沙下台。大使館的同仁陸續再回尼京，我卻奉調駐宏都拉斯大使館參事。韋主事調去哥斯大黎加。

我到宏都拉斯京城我駐宏大使館報到後第一天上班，大使唐京軒找我到他辦公室，問起尼京內戰中我們的遭遇，我把我所親身體驗到的各種驚險情形，包括上面所說的故事，詳細告訴他。唐大使只淡淡的安慰了幾句。而後他問我：「知不知道蔡公時的故事？」

我說：「不知道。」

於是，唐大始為我說蔡公時的故事。

蔡公時是日本東京帝大出身。民國十七年國民革命軍北伐到山東濟南，日本駐守青島的福田彥助部隊，以護僑為藉口，於五月三日向濟南發動攻擊，我軍民死傷千餘人。蔡公時時任外交部駐山東特派員，他和特派員公署職員十八人全被日軍扣押。

日軍要蔡公時下跪，蔡公時誓死不從。日軍先將兩名公署的隨員割去耳朵，威脅蔡公。蔡公不為所動。日軍再割去兩人的鼻子，蔡公仍不予置理。日軍隨即將二人槍殺。蔡公心疼同仁慘遭虐殺，雖閉上眼睛，不忍卒睹，眼淚卻不禁奪眶而出。

日軍再將公署內其他十六名職員，一一虐殺，最後只剩下蔡公一人。蔡公表現出不畏懼、不妥協、正氣凜然的樣子，讓日軍更受不了。他們用槍托打碎蔡公的膝蓋，用利刃割掉蔡公的舌頭、鼻子。再挖去蔡公的眼珠。蔡公連哼也不哼一聲。最後，毫無人性的日軍對攤在地上的蔡公還是百般凌虐，直至死去！

講完這一個故事後，唐大使對我說：「老弟，外交官豈是好作的？」比起蔡公時的遭遇，我們在尼京的經歷，那真是微不足道了！

這是人禍。再說天災。

二〇一二年元月，海地發生芮氏規模七級以上的大地震，我駐海地大使館倒塌。大使徐勉生被埋在瓦礫堆中達六小時之久。他被瓦礫夾住，斜斜的倚在瓦礫堆中，只有左手稍可活動外，身體各部，都是動彈不得。尚幸呼吸無礙。六個小時後他被救出，雙腿癱瘓，左手皮膚很大一塊受傷損害，事後不得不植皮！

他洗過三次腎，但雙腿仍因腫脹嚴重，不能行走，要靠步行架，才能行動。而後慢慢的可用枴杖，最後才恢復到步履自如。

所以，當外交官，並不是像一般人口中所說，過穿著禮服參加雞尾酒會的悠閑生活，而是要培養出不畏艱難、不懼死亡的心志。甚至要像蔡公時那樣：威武不屈、死亡不懼、作一個堂堂正正的大國公僕。為了國家的利益、尊嚴而堅持正義，不畏死亡，讓敵人都尊敬的外交官。

附註：駐外人員二〇一〇至二〇一二年四月間遭遇到人身和財產危害事件共四十八起。涉及嚴重暴力攻擊的卅五起。遭搶劫的廿一起。遭武裝搶劫受傷的十一起。見民國一〇一年四月二十四日聯合報報導。

駐外越住越不安全

【記者許紹軒／台北報導】我國駐多明尼加大使館僑務秘書區美珍在駐地不幸遇害，立委林郁方昨天在外交及國防委員會舉出數據表示，二〇一〇年至今，我駐外人員遭遇人身和財產危害事件共有四十八起，而房租補助費多年未調，導致駐外人員負擔不起飛漲的租金，只好「越住越不安全」。

楊進添說，四月分就已向行政院提出增加補助，漲幅約百分之八，但財政困難，政院裁示緩議，他會繼續爭取。

林郁方說，四十八起案件中，涉及嚴重暴力攻擊的案件高達卅五起，包括「遭搶劫」廿一起、「遭武裝搶劫且受傷」十一起、「遭武裝劫持與攻擊」、「大使遭恐嚇」和「不幸遇害（區美珍）」各一起。

根據林郁方的統計，最嚴重的是中南美地區，二〇一〇年至今多達廿四起，比非洲十五起還多；而且中南美最不安全，不但我大使曾遭恐嚇，我國大使還商請當地軍方派武裝人員擔任護衛，甚至有駐館以駐地治安惡化，要求外交部同意替駐館人員配槍等。區美珍不幸遇害的多明尼加，外交部評估治安算是較好的。

林郁方說，以紐約、洛杉磯、波士頓、舊金山和此次區美珍不幸遇害的多明尼加為例，現行三等秘書「駐外人員房租補助費」的上限，分別為一千八百八十一美元、一千七百廿七美元、一千六百六十一美元、一千八百一十五美元和一千一百九十美元。

但駐地市中心的合理房租水準，上述各地分別是三千一百美元、二千四百美元、二千三百美元、二千二百美元、和一千五百美元，明顯不足。三等和二等秘書等低階駐外人員，已出現「越住越小」、「越住越遠」和「越住越不安全」的情形。

二〇一二年四月日聯合報。

Chapter 3

控案

筆者民國八十六年回國退職之後，曾一度和若干退職大使一起，受聘在部中審閱舊檔案。對於哪些檔案應予保存、哪些檔案應予銷燬、哪一些可予公開、哪一些不可公開，作成建議，供檔案資料處參考。

這是一份嚴肅的工作，但也非常有趣。

我們能看到好幾十年前自己撰寫的文稿，更有一些紀錄，能勾起我們對若干年前往事的記憶。

但也有一些令人傷感的檔案：控案。

例如：劉幼峯先生，他比我早幾年進外交部。他是北方人，個子高高瘦瘦，戴一副黑邊眼鏡，經常掛著一臉微笑，看起來不像是難以相處的人。

然而，在他初任館長——領事館領事——之時，他的一位館員張副領事告他貪污，證據確鑿。結果，經法院判決有罪，坐了一年多的牢房。前途沒有了，一生都給廢了！

另一個令我傷心的例子，是我任司長時的一位科長，派到駐某國總領事館任領事，為了一百多塊美金的規費，一時疏忽，未及時呈部，經人告發，也被法院判刑定讞，坐了一年左右的班房，結果是：前途沒有了、家庭破碎了。據說出獄之後還得了精神病！

他們兩位是很不幸的。我所看過的控案，經當事人向部方說明；或者挪用公款的，把錢補出來，部方總以寬大為懷，不予追究。

也有非常幸運的：

有一位同仁，他任大使時，他的前任告他，他的後任告他、他的長官告他、他的部下告他、農耕隊告他、華僑告他，甚至他的房東也告他！

但此公長袖善舞，能言善辯，終於化險為夷，不但毫髮無損，而且官運亨通，一路福星。

當然也有一些無聊的、互揭瘡疤的互控案。更有些雞毛蒜皮，不值一提的控案。一般說起來，告貪污的比較多，告俳聞的也有。

我最覺得不能理解的是：常言道：「三生修得同船渡。」大家好不容易同事，甚至同館辦事，彼此有什麼深仇大恨，一定要告得對方坐牢呢？

一般說起來，外交部的長官都很寬厚。例如：有一位同仁偷了一點公款，事發後，他全數吐出來，歸還外交部，部方便沒深究。

記得我在泰國任代表之時，有一位高階同事，自己買了一個小公寓，每月向政府申報六萬泰銖（約合二千四百美元）的房租津貼。房租契約當然是假的。他買的房子太小，若出租，每月二萬泰銖足夠。有同仁向我告密。那個月的館務會議，我向同仁報告，說：「近來有人向我告密，我們同仁中有兩三位房租虛報，希望不是事實。我和副代表下個月中旬後將分別赴各同仁府上參觀。若被發現有問題，即會同司法行政部調查局派駐曼谷的同事向外交部報告。若果然有假情真報的行為，希望來月之中處理清楚。我當然也是既往不究。」

我自認為作得很好。那位同仁月底前果然搬了家。但次月我回國渡假，收到此公寄給前代表沈克勤兄的信。開頭是「克公鈞鑑」，而後是一大堆讚美的話。而後說：「吾公去後，代表處面目全非。」等不堪入目的咒罵之語。那封信是影印本，連簽名也是。

回到曼谷，一位同仁對我說：「代表若當日逕行告發，豈不是好！」

我笑笑，沒放在心上。

還有一次，我奉命回國述職。抵達桃園機場時，亞太司承辦泰國事務的同仁照例在機場接機、辦通關手續，走公務門，到外交部貴賓室休息。離台時，總務司準時派了公務車到我家，接我去機場。亞太司那位同事沒出現。到了機場，我在貴賓室休息，司機替我辦好了一切手續。臨登機時，司機陪我走公務門，但警衛說：沒有收到外交部禮遇的公文。不能通過。為了息事寧人，我二話不說，改走普通門。經過一切查核程序，才上飛機，一路上，陪同我的司機不停咒罵，說亞太司越來越不像話！

回到曼谷，服務組長和當地雇員一人在機場迎候、照料。我把亞太司沒派人送機、沒辦公函通知機場開公務門禮遇等情形告訴服務組長，他很不爽，說要辦公文告回部中。

我說：「算了。也許我這次回國沒有打點週到，開罪了他們，他們要整我回來呢！」

那位同事說：「都說代表脾氣好，能原諒人，就怕姑息養姦呢！」

服務組長真說對了。下面便是那位亞太司承辦科員惹出來的事！

這一年，曼谷先後有十一位台商在五次事件中被歹徒搶劫槍殺。每出一次事故，代表處的標準作業是：一、派員陪同泰國警方驗屍。二、蒐集死者護照，遺物。三、從死者的護照資料中找到死者家屬，他們的住址、電話號碼。以長途電話通知家屬到曼谷共同辦理善後。

四、專函泰警方盡速破案。五、協助死者家屬。包括派員接機、傳譯、認屍，辦理一切手續、代訂回程機位。六、協助死者家屬將遺體運回台灣。七、將一切經過情形專案報部。一共呈了五次。

這些工作都係由領務組派員處理。

第二年年初，全案偵破。搶劫殺人的原來是一位中尉警官，帶了兩名警員，開一輛箱型車，到各風月場所尋找對象。發現有全身珠光寶氣、穿著華麗的尋芳客，便一口咬定他們的護照是假的，拉上箱型車，說要帶去警局。實際是開到郊外，將尋芳者槍殺，而後洗劫。

代表處將破案全部經過，再寫了一份詳盡的報告，呈給部方，第六次報部。

曼谷報紙都有刊出新聞。曼谷的世界日報是台灣聯合報的子公司，於是聯合報也刊出十一位台商在泰被搶殺的經過。

若干監察委員見報之後，甚為不爽，請外交部主管次長房金炎先生和亞太司長鄧備殷到院備詢。次長和亞太司長到了監察院，都說他們也是看到聯合報才知道的。一句話，把全部責任推給了駐泰王國代表處。原來代表處呈給部方的六個大報告，全被承辦人員給「吃掉了」！這位仁兄實在太不敬業，但他的科長、副司長、司長、甚至次長怎麼也全不知情？實在令人震驚！

結果，當然是監察院找我去「算帳」！由外交部電報通知。其時，我已奉令調約旦任駐約旦代表。假如這件大案擺不平，約旦也就甭去了！離開前，我向承辦全案的領務組二等秘書郭仲凡小姐索取到六次公文的影印本，帶在身邊，搭機返國。

抵台的第二天，我到部裡文書科，確認代表處的六件公文均經收到——當然收到，公文都是用外交郵袋寄的，不可能遺失——而且都分給了亞太司。奇怪的是，出了這麼大的事，亞太司那位承辦人員似乎十分鎮定呢！

我先到監察院晉見了院長陳履安。又見了我認識的監察委員謝孟雄先生和吳水雲先生，把一切經過約略向他們報告了一下。

「受審」當天，大約有十幾二十位監察委員，臉色凝重，如臨大敵。大會由謝孟雄委員任主席，外交部派了亞太司李滋男幫辦陪同我「受審」。

我開始報告，把六份報告依次說明，強調我們代表處所採取的每一個步驟。我還特別提出：我們領務組長錢剛鐔中央警官學校畢業，曼谷公安局副局長是他的學弟。每次案件發生，錢組長一定前往公安局見副局長，催促他早日破案。承辦領務的二秘郭仲凡小姐，尚未結婚。每次發生案件，雖然女生膽小，怕見死屍，也還是抬頭挺胸，由譯員陪著，前去驗屍，蒐集被害人遺物。他們確實非常辛苦、努力。

聽了我的全盤報告，吳水雲委員首先發言說：「我們聽劉代表的報告，代表處該作的似乎都作了。只是外交部主管司卻怎麼說是看了聯合報才知道的呢？」

亞太司李幫辦說：「部方文書科把公文分給領事事務局了。」我本想當場揭穿，但退一步想，多一事不如少一事。只要委員們不深究，也就算了。

還有一兩位委員就被害者的身分和被害的地點提出詢問。我不便說出來，避免被害人和家屬受到二度傷害。我婉轉解說，委員們也就沒再追問。最後由謝孟雄委員宣佈結案。一場風波也就結束了。

我很不滿意的是：那位承辦人員居然「毫髮無傷」，而且升任二秘，派去國外服務。這位仁兄也正是沒有到機場送我、沒有辦禮遇公函的同一人。

代表處領務組的同仁曾要求就此案向部方抗議。我因赴約旦在即，未予同意。事後我又有點後悔。此事不澄清，那位「吃案」的同仁不受到處分，他還可能很得意呢！說不定將來會發生更可怕的事。

果然，此君到任不久，犯一連串的錯。館長無法容忍他，該員終於辭職走路。他如此不敬業，把大好前程給斷送了。假如我當時嚴厲一點，讓他記個小過或最少申斥一次，也許他便會自我警惕！不會鬧到最後辭職離部吧！

嘗讀《宋史》卷三百一十六（趙清獻傳）載：趙抃長厚清修，人不見其喜慍。為政善於因俗施設，猛寬不同。薨年七十七，贈太子少師，謚「清獻」。他曾說：「小人雖小過，當力竭而絕之，免釀大禍。君子不幸詿誤，當保全愛惜，以成就其德。」說得真好。可惜我未能及時遵行！

Chapter 4

看相、測字、特異功能

測字、看相、算命、這些我們中國人幾千年留下來的民俗學藝，其中大有學問。而且，有時也非常靈驗。不信嗎？我且說一些我自己的經驗：

民國三十七年底，我從南京「首都陸海空軍總醫院」請假回故鄉江西南昌探親。過完農曆春節，準備離家赴廣州，回已遷到廣州的醫院歸建。當時，我是醫院中的少尉助理員。

父親認為：「一個大男孩子，蹲在南昌鄉下，一輩子沒出息。」他老人家贊成我出外謀發展。

但母親不同意。母親認為：我們兄弟四人，大哥去世後我是家中最大的男孩。兩個弟弟都不過十歲左右。是以，我不宜遠離父母。

為了我的前途，母親還是讓了一步，請來故鄉有名的算命先生「崗上瞎子」，來到家中，為我算命，決疑。

這位年近花甲的算命先生，問過我的生辰八字之後，掐指算了好一會，然後出言解說。他的結論，最重要的只有兩點：第一，我的八字剋父母，所以，不可以留在父母身邊。要離父母越遠越好。第二，我最宜的出行方向是東南方，越走得遠，越有前途。

母親聽了「崗上瞎子」的分析後，忍痛同意我遠赴廣州。誰知我到廣州不久，醫院又奉命遷去台灣。就這樣，我隨同醫院，乘坐利民輪，由廣州直駛台灣省基隆港。於當年六月六日在基隆靠岸。

由於院長景凌霸先生（字子軍）的鼓勵，我報考當時台灣唯一的大學——台灣大學。我在台舉目無親，不敢考醫學院，無人接濟。因此考了法學院政治系，以期課餘能打工供養自己。自力更生。辛苦了四年，終於熬到畢業。四十二年畢業那年，打鐵趁熱，又考上了外交官領事官高等考試。四十六年六月進部工作，由薦任科員，一直爬升到特任代表。於民國八十六年六月退職。屈指算算，在外交崗位上整整工作了四十年。

改變我這一生命運的，正是算命先生「崗上瞎子」的那幾句話。而且很靈。真是不可思議。

其次說看相。有一位前輩江大使。他找人看相，都說他「只能活到六十二歲」。他為了這句話，買了好些相書自己研究。包括《大六壬全集》、《紫微斗數》等書，但結論都差不多。那年，他六十二歲在H國任大使，幾乎可說是坐立不安，天天生活在死亡的恐懼中。從農曆正月，一直到臘月，眼看六十二歲就要過去了，而且自覺身體健康，短期內應該不會發生健康上的問題，警戒之心也鬆弛下來了。陽曆耶誕，他親自佈置聖誕樹，不小心從樓梯上跌下地，一點傷痕也沒有，一滴血也沒流，便靜悄悄的仙去了。真是奇怪！

再說測字。

部中前輩同事范道瞻先生，中央政治學校（現改名「政治大學」）外交系畢業。他以善於測字聞名。曾任簡任秘書，人事處處長，之後派到華府任駐美大使館參事、中美斷交後，便留在我新設的駐美代表處任顧問。前些時，一位葉姓同事，告訴我一個最近范公為同仁測字的故事。他說：

「有一位同仁謝先生，在部中任司長，奉派赴美公幹。到了華府，他抽出時間，到代表處拜會老長官范顧問。

到了范辦公室，寒暄之後，謝君請范公為他測個字，看看未來的出處。

范公說：『你且寫一個字，我們來試試看。』

恰好有一位處中同仁史小姐到范公辦公室洽公。於是謝君便提筆寫了一個『史』字。

「范公端詳了一會兒，而後開口說『你這個『史』字寫得這麼大，就字面看，老兄的下一個職位將是『大使』。但需要有一個人從旁推一把。請看『史』字，若上面加個庇護的蓋，旁邊加一個『人』，作為支撐，『史』字便變成了『大使』的『使』字了。』

「第二年，謝君又來到華府，又找范公測字卜行止。

他來到范公辦公室時，有一位承辦會計的同仁王來生先生在座。於是他寫了一個「來」字，請范公測卜。

「范公端詳了一下，說：『恭喜老兄要當大使了。只是老兄要去的大使館，是一個只有兩位館員的小館。我們把『來』字拆開來，中間是個『大』字。兩旁兩個『人』字。這是表示：大使旁邊只有兩位同事。』

「第三年，謝君還沒外放，他第三次來到華府，第三次請范公測字。

「他來到范公辦公室，看到壁上有一幅法書，落款的是一位毛先生。於是他寫了一個『毛』字，請范公『拆』。

「范公說：『毛字起首三劃，而後一「直」往下走，表示老兄可能在三個月之內要向南方走。也就是說要外放去南邊的地方。把這三年為你測的字綜合起來解釋，那就是：老兄將在三個月之內，由一位長官推一把，大力支持，由台灣往南，外放到一個只有兩名館員的大使館，任大使。』

「『大概會是什麼地方呢？』謝君再問。

「范公答道：『毛字中間一直，由北往南，再轉向東，應該是太平洋中，位於台灣東南的某小國。老兄三年找我測的三個字：史、來、毛，莫非要去的地方是『所羅門』？

「謝君回到台灣不久，由房金炎次長的力薦，果然出任駐所羅門群島大使。大使館正是只有兩位館員。「史來毛」和「所羅門」三個字，子音都相同，真是太巧了。范公的測字，真可謂『神乎其技，進於道矣！』」

又有所謂「特異功能」。雖然大多數自稱有特異功能的人，都是騙人的。但我們不可因此便否定某些真有奇才異能之士。茲舉一實例：

好友李建軍先生，便是確具特異功能之士。

我任亞西司司長之時，某日宴請一些朋友，包括李君。

座中有一位建築商徐勝一先生。李君從未和他見過面，更不知他是作何生理的。

李君看看他，又看看他，而後說：「老兄是建築商吧？最近是不是蓋了一批房子，銷不出去？」

徐兄大以為異，因為事實如此。他點點頭說：「是。」

李君說：「你知道為什麼賣不出去嗎？因為：你的辦公室裡太綠！」

徐兄說：「我因為喜歡綠色，最近辦公室換Wall-to-wall地毯，我將整個辦公室全換舖了綠色地毯。」

「明天我到你辦公室看看。」李君說。

經過李君的指點，徐兄的房子一個月之內銷售了一大半。簡直是太神奇了。

民國八十二年秋，我在泰國任簡任十四職等代表。李君到曼谷旅遊，我請他午餐，用餐時，李君對我說：「代表今年會升官！」

我說：「第一，我已是簡任最高級，在普通文官中，可說是『官居極品』了，沒地方可升。第二，我即將屆滿六十五歲。該退休呢！」

匆匆的，陽曆年過去了，我沒升官。

匆匆的，農曆年也過去了，我還是沒升官！

於是有些朋友懷疑李君的預測。

八十三年二月十五日，總統李登輝先生率團訪泰。二月十六日離泰返國。十八日，我收到外交部電報，轉來二月八日的總統令：「特派劉〇為駐約旦代表處代表。」二月八日，正是農曆年前數天。我真的由簡任到頭的文官，升為特任官了，好神奇。

這才是真正的「特異功能」呢！

還有相人術。

民國四十年代，杭立武博士時任駐泰王國大使。有一天，他返國述職，他的公子杭紀東兄領了我和江、陳兩位同學去拜候他。我們離開後，杭伯伯對紀東兄說：「劉某，你可多同他往來。其他二人，疏遠為是。」數年後，江某自新聞局科長派到倫敦。於調職返國時，領了差旅各費，卻溜之大急，跑了！據說是去了大陸。陳某服完預備軍官役，到倫敦找江某。原擬進修，未能如願。其後即流落異邦，不知所終。

四十餘年後，我從駐約旦代表退職回國。有時和紀東兄餐聚，聊起杭伯伯當年所說的話，感歎不已。

杭伯伯留學英倫。歷任教育部長、駐希臘王國、駐泰王國與駐菲律賓大使。據說他精通「冰鑑」之術，善相人。凡是他向當局舉薦的人，後來都在政府中任要職。即以江、陳同學的事蹟相證，他的相人之術，應該屬實。

Chapter 5

「涸澤之蛇」的外交哲學

外交部同仁外放，部方所發給的旅雜各費中，還包括一項置裝費，供本人、配偶和兒女二人添置新衣之用。常言說：「人要衣裝，佛要金裝」。外交官代表一個國家，所以，必須穿著整齊、端莊。（但不可太花俏，也不可太呆板。）

據說我國曾有一位總領事，應當地市長邀，參加必須穿著小晚禮服（Tuxedo）出席的電影首映會，他穿了普通西裝，自己開車前往，而又遲到了十幾分鐘。結果被門警衛擋了駕！羞愧而退。

這使筆者想起《韓非子》中〈涸澤之蛇〉的故事：

鴟夷子皮是田成子的部下。田成子奉命由齊國出使燕國，鴟夷子皮隨行。臨啟程時，鴟夷子皮向田成子說：「您有沒有聽過『涸澤之蛇』的故事？」

田成子說：「如何？」

鴟夷子皮說：「沼澤因為久旱不雨而乾涸了。住在沼澤中的蛇都得另覓新家。一條小蛇對一條大蛇說：『眼看我們要另覓住所，要搬家了。搬家時，假如您走在前面，我跟隨在後面，人們見到，一定知道我們是普通的蛇搬洞。誰見了，誰都會將我們打死。假如我騎在您的背上，昂首大步上路，所經過的地方，人們會以為我們是神。他們會尊敬我們，畏懼我們。任誰也不敢冒犯我們。豈不是好？』

「大蛇聽了，認為小蛇說的很有道理，因此同意背負小蛇而行。結果，看到牠們的人們，一致認為牠們是蛇神出巡。紛紛讓路，有些人甚至叩首膜拜。

「閣下相貌堂堂。人才出眾。我若追隨在您後面行走，人們會以為我們是小國的使者，假如反過來，您暫時委屈一下，跟隨在我的後面作我的舍人（有如今日的秘書）人們便會認為我們是來自萬乘之國的大臣。我們也一定會受到更多的禮遇。」

田成子說：「好，就這麼辦。」

於是他扮成鴟夷子皮的舍人模樣，跟隨在鴟夷子皮後面。到了旅邸，旅邸的主人，果然對他們十分尊敬，自動獻上酒肉。

據《史記》卷四十一（越王句踐世家）載：

范蠡浮海出齊，變姓名，自稱叫「鴟夷子皮」。在海畔耕殖。父子齊心協力經營。不多時，他們便積聚了數以十萬計的財富。

為什麼自稱鴟夷子皮呢？據《漢書》卷九十一（貨殖列傳・范蠡傳），顏師古在鴟夷子皮下註稱：

鴟夷子皮是牛皮所做成的革囊，可以裝酒。范蠡是一代人龍。做官，便能作到宰相。貿易，能聚財百萬。所以，他把自己譬作盛酒的皮袋。平時可以盛酒。不用時，又可捲起來收藏。鴟夷是牛皮作成，故號子皮。他取「鴟夷子皮」名號的用意，可能是師法孔子「用之則行，舍之則藏」的教訓。

民國五十八年魏道明先生任外交部長時，外交部在博愛路的辦公室不敷使用。新大樓又還沒蓋好。部次長辦公室、人事處和禮賓司，都暫遷到介壽路、公園路口的台北賓館辦公。有一天，魏公照常在早晨九點左右到達賓館。他在二門口下車，夾了皮包便走向樓梯，走向在二樓的辦公室。

那天，新換的門房小姐第一天上班。她不認得部長，攔住魏公問：「請問您找誰？」魏公瞪了她一眼，繼續走向樓梯。但門房小姐不讓他走。

筆者其時任禮賓司科長，也在賓館上班，正好碰上這一幕鬧劇。當即上前向門房小姐說：「這一位是我們的部長！」

門房小姐才知道自己鬧了笑話。一臉通紅，連聲說：「對不起。」

魏公一言不發，鐵青著臉孔，逕自上樓去了。

魏公個子不高，接任外交部長時已七十多歲。他一臉皺紋，有點老態。頭髮麻白，似乎沒用頭油，梳得不是很整齊。所穿的西裝，也老舊不夠挺。假如他進門的時候，由穿著整齊、態度軒昂的秘書在前開路，副官提他的公事包跟隨在後，而他又儀容整肅，衣著光鮮、這種尷尬情形便不致發生了。

二次世界大戰前，南洋、包括印度，都是英國的殖民地。當時南洋的大僑領陸佑——他是後來香港電懋電影公司老闆陸運濤的父親——他是在馬來一帶擁有錫礦、橡膠園等許多企業的大老闆，極其富有。當時馬來亞的風氣，英國人所到之處，都高人一等。該排隊的地方，他們不必排。要接受檢查的地方，他們不必受檢。華僑若要坐火車、上大飯店，車站剪票的印度人，飯店任司閽的巴基斯坦人，常常無事找岔。他們態度惡劣，愛將華人羞辱一番，顯示自己的「權威」。陸佑深明「涸澤之蛇」的道理。他雇用了一批英國人為他工作，甚至其中還有一位持有爵位。每當他要搭火車、或者上大飯店，他一定先派出幾位英國籍職員到車站或大飯店門口迎候。當他的豪華座車抵達之時，坐在前座的英國助理先下車為他開車門，先頭派出的英國職員立即趨前恭迎。那些印巴剪票員和司閽，看見這種陣仗，那敢怠慢，莫不恭恭敬敬的笑臉，甚至鞠躬相迎。

陸佑的故事是外交前輩陳以源大使告訴我的。陳公說：「理論是死的，端看明眼人如何把理論付諸實用。」

「涸澤之蛇」的道理很簡單，陸佑卻能予以充分發揮。相信這個道理對外交上也會有些用處。

Chapter 6

駟不及舌

孔子說：「駟不及舌。」意思是說：話從舌頭上說出去了，駟馬也追不回來。

那一年，何應欽將軍臥病榮民總醫院，他已高齡九十九歲。

一位大使到榮總探病。他對敬公（何應欽字敬之）說：「敬公，我看您的氣色非常好，長壽百歲絕無問題。」

這位大使離去後，敬公很不爽，他對一旁侍候的醫護人員說：「都說作外交官的一定會說話，我看也不見得。什麼長命百歲，他不是咒我明年便死掉！」

那位大使可能是無心之失。這使我想起許多親身的經歷。

有一次卸任使節餐會。大家老同事、老朋友們個個白髮蒼蒼，彎腰駝背。但一提起「想當年」如何叱吒風雲，周旋壇坫，似乎便變得年輕了三四十歲。

一位同仁說：他當某地域司司長時，所轄各館館長中，有曾任過陸軍總司令的。有曾任過海軍總司令的，還有曾當過空軍總司令的，真是好不威風。他說：「我可成了三軍總司令——最高統帥呢！」

另一位同事說：「我當領事時，我的副領事可是當今副總統囉。」

我說：「我在禮賓司當過三年典禮科長，其間還兼理了三個月的交際科長。我當年的那些科員，後來當過大使的有十人。其中兩位還擔任過常務次長。」

一位大使不服氣，酸溜溜的。他說：「你真了不起。你調教有方。你真了不起，真厲害！」

我說：「你錯了。不是了不起，是不了不起。不是厲害，是不厲害。」

另一位大使說：「怎麼說？」

「有兩個原因。」我說：「第一，哪時，我們的司長吳文輝先生，大家同仁都說他：

挑選科員好像挑女婿一樣，十分嚴格。所以，我的那些科員都是經過他精挑細選的，都可說是腦筋清楚，反應快捷、言詞鋒利的一流角色。經過一番訓練。那還有不成為大使的道理。！」

「你的意思還是說你調教得法囉？」

「不是的。」我趕緊澄清。

「哪是什麼原因？」

我說：「我是以身示範。」

對方很不高興：「說來說去，還是你厲害。『以身示範』嘛！表示你行，不是嗎？」

我笑笑說：「正好相反。」

前一位退休大使說：「你怎麼說話前言不對後語、反反覆覆的呢？」

「沒有前言不對後語。」我分辨說。「大家都讀過《論語》吧？孔夫子說：『三人行，必有我師焉。擇其善者而後從之，其不善者而改之。』我剛剛說過：我的那些科員都是一流人才。所以，我有什麼缺點，有什麼過錯，他們都能看得清清楚楚。所以，他們便能『擇其不善者而改之』。恰巧，我的缺點多，犯的錯誤也多，他們看清了，便都能『改之』。他們既是一流人才，又不會犯過，那還不當大使、甚至當次長？這是第二個原因。」

看到他那「不以為然」的表情，我再補充說：「聽過圍棋大國手吳清源先生嗎？」

他點點頭說：「聽過。」

「吳清源先生說：『高段棋士對奕，大家都勢均力敵。誰勝誰負，不是要看誰走的高著多，而是要看誰犯的錯著少。誰的錯著少，誰就能勝出。』我所說的道理和吳清源先生所下的結論是相同的。我的那些科員們把我當前車之鑑，他們不犯錯著，那能不勝出呢？」

對方沒話反駁，算是擺平了。

＊＊＊

我民國三十八年隻身來台，考上台大，靠作家庭教師，到醫院打工維生。主要經濟來源是寫作。曾參加中國文藝協會小說研究組研究。大二時申請到宿舍。宿舍中有一間閱覽室，供同學看報紙。大約四坪半的房間，有一張長桌，幾把椅子，兩個電燈。但所謂電燈，只有燈座，而沒有燈泡。晚上，同班同學葉愷，他自備燈泡，裝上燈泡，我和他兩對面坐，他唸書，我寫作。一星期最少有三四天，我們都是如此。一個月中，我若有一篇作品在報紙或雜誌中登出，我哪個月的生活便沒有問題了。

民國四十一年十一月，我唸大四。有一位王姓同學，他當著我的室友——我們台大第四宿舍當時六人共一間房間——譏諷我說：「經常看到你埋頭寫文章，也沒在那一家報上看過你的大作！」

我笑笑，沒有回應。

就在十一月底，我收到中華文藝獎金委員會的通知：我的中篇「亂世家人」獲得一千四百五十元的稿費，要我去領。我用的筆名是「劉漫輕」。

一天晚上，我請我的室友到「鹿鳴春」吃烤鴨。也請了那一位王同學。

當時參加烤鴨宴的同學有：陳瑞堂（曾任司法院廳長）張賡堯（律師）、莊秩民（移民日本）、張光明（也可能是陳勇）和陳鈞。

我的室友都很奇怪：「鹿鳴春的烤鴨貴得有名，你老劉中了獎、還是撿到米票啦？」

我說：「到時只管大吃大喝。至於我為什麼要大手筆的請客，到時自然揭曉。」

我的室友都按時到了，只有陳鈞，他居然跑錯了地方，跑到狀元樓去了。那位王同學也到了。

酒過三巡，大家正吃烤鴨時，我從口袋中拿出中華文藝獎金委員會的稿費通知單，稿費是新台幣一千四百五十元。（稿費我是頭一天到中央黨部文工會拿到的，經手發稿費的是小說研究班同學李鑫矩。）我把通知單給大家傳閱。那位王同學驚訝得說不出話來。

我大四最後繳的費、包括宿費，全部才八十五元。一千四百五十元簡直是發了一個小財呢。

正因為我要賺取生活費，所以不能全力讀書。我喜歡的功課，成績常在八十分以上。我不喜歡的功課，成績便平平了。

讀四年級時，有一位美國耶魯大學教授陶博士（DR.Gray A.Dorsy）以交換教授身分來台大開課，教「憲法原理」。校方規定：這門功課是政治系二年級的必修課，其他班級的同學可以選修。為了增廣學識。加強英語文的程度，我也選了陶遂教授的課。擔任傳譯的，是助教馬漢寶先生。

第一學期終了。期終考試成績，陶遂教授給了我九十二分。次高的是二年級同學陳鈞，八十一分。其他同學的成績都在七十分以下。

第二學期開始，系主任李祥麟教授核定的各班授課時間表，陶遂教授的「憲法原理」和我的必修課時間正好衝突。陶遂教授為了要讓我可以專心聽他的講課，特地去見李教授商量，結果把授課時間更改了，來配合我的上課時間。後來，馬先生告訴了我這一個事實，我一方面很以為傲，另一方面也覺得對不起二年級全班同學。

這是一件小事，想不到五十多年後再度提起。

民國七十六年八月下旬，中沙（烏地）醫療合作計劃考察團由衛生署署長施純仁先生領隊，赴沙國訪察。團員包括台大教授楊思標，台大醫院副院長沈友仁、台北榮總副院長彭芳谷，馬偕醫院院長吳再成、三軍總醫院院長宋丕錕，基隆長庚醫院副院長謝文斌，施署長夫人和兩名署長的隨員，還有我——時任亞西司司長——和司中同仁蔣本深。一行十二人浩浩蕩蕩乘機赴吉達。在飛機上，為了減低長途飛行的枯燥無味，我一直試著說笑講古，讓大家笑聲不斷，輕鬆愉快的便到了目的地。

十年後，我自駐約旦代表退職返國。彭芳谷兄自榮民總醫院院長退休。

有一天老同事杜稜大使的公子結婚，我湊巧和芳谷兄在喜宴中相遇，同坐一桌。同桌的還有台大學長馬漢寶先生。

芳谷兄可能記起我們赴中東的那一段經過，他突然說：「大使在學校中一定是不喜歡唸書那一型的。」

馬先生聽了，笑笑說：「正好相反，劉瑛不但好唸書，而且很會唸書。」

於是馬先生把五十多年前陶遂教授為我一人而更改二年級全班上課時間表的那段往事重述了一遍。

Chapter 7

魏學智之死

作外交官，固然有許多好處，但也有許多壞處。碰到駐在國天災，如地震、洪水，或是人禍，如搶劫、內戰，其苦在「外交官難作」條中已經說過了。還有就是：被派到非常艱苦的地區。天天要受高溫、潮濕或蟲蜂叮咬之苦，經常要服預防瘧疾的奎寧、打防疫針等。子女沒地方讀書，因而要妻離子散，分居兩地，真可說是苦不堪言。若是，碰到十分惡劣的館長，那比派到艱苦地區更慘！

還有同仁，譬如說：派在美加地區工作，孩子們或在當地出生，或在當地就學。要再讓子女回到台灣上學，中文又跟不上。等到自己退休了，兒女不諳中文，只能流落在國外就業。結果是：二老在台北，兒女在國外，很難享受到天倫之樂！

民國四十九年元月某日，專員兼代庶務科長柯振華兄打電話給我說：同他一起寄住在許昌街YMCA的總領事回部辦事，魏學智先生服安眠藥自殺，現在廣州街的中心診所急救中。若干同仁們準備排班到醫院輪流看護。他要我參加輪班。我當即同意了。

那天是星期天，我向內人交待了幾句，立即搭公車由北投新華宿舍趕赴台北。

魏學智原係駐溫哥華總領事，民國四十二年七月調回部。到四十九年元月，已超過六年半了。卻沒有外放消息。他有時為朋友幫忙辦理護照、簽證，和當時在護照科工作的我，有一點點交情。他經常穿一雙後跟釘有鐵皮的皮鞋，走起路來，一路都發出「咯咯」之聲，頗為突出。

我到達中心診所病房，他早已完全清醒。躺在床上打點滴。臉色慘白，面容憔悴。看到我，不禁淚流滿面。

看他那欲言又止的表情，我對他說：「有委屈，吐出來也就是了。放在心裡，不免越積越深。我把您當前輩，您就只管向我這個後生晚輩發洩一下吧！」

他終於開口說：「去年外交部放出去十八『羅漢』，你知道吧？其中十六人都是沒有任用資格的。只是為了要在『外交領事人員任用條例』在總統簽署定案前放出去。我都回來五六年，上面看到我妻離子散的痛苦生活，卻不予理會。」

歇了一下，他又說：「（簡任秘書）陳繼棻，根本不用來上班，周書楷次長給他的考績居然是甲等。我最少每天還按時上下班，考績卻列入乙等，這有天理嗎？」

他還說：「我大女兒要出嫁，我沒錢。大兒子要唸書，我沒有錢。我有何面目面對他們？我回來六年多，幾個積蓄早貼光了！」

我只有極力的安慰他、開導他。

大概一個星期後，魏學智復原了，特地到各司處辦公室道謝、致歉。

我清晰記得，那年六月初，有一天，我們坐外交部由中吉甫改裝的交通車回北投。在車中，有一位同事提起說：某大使上樓梯不幸跌了一交，居然便死了！

其他同事都不免搖頭歎息。

當時的會計長吳某也坐在車上。他突然說：「死有什麼了不起？有人想死還死不了呢！」

魏學智湊巧坐在我旁邊。我側眼看見他臉色變了一下。車上的其他同事，彼此面面相覷，都不敢發聲。

第二天，六月八日，一早消息傳來，魏學智自YMCA頂樓跳樓自殺。因為摔在洋灰地上，腦漿迸出，當場殞命！這是他第二度自殺。

九日下午自立晚報把「魏學智何故自殺」當為頭條，寫出本末：

曾任溫哥華總領事之魏學智，何故於此時跳樓自殺？外界雖多傳說，各方卻難盡信。據記者獲知：魏某之死，實由於生活與工作兩種環境之備受折磨所至。

魏學智原在陳立夫任部長時在教部服務，王雪艇任外長時，即轉職外部，迄今已近廿年。具熟悉外交界人事之異動人士謂：魏入外部，係在某司擔任科長，今之外交部若干高級官員斯時或係魏屬下職員。雖然飛黃騰達，各有淵源，但一向重資歷之外交界，顯係以任職時間之久暫為升遷之依據。

距今七年前七月，外部依內外互調辦法，將魏學智自溫哥華總領事任內調部，擔任簡任秘書。按內外互調辦法施行後之先例，調部服務者，恆在一、二年後，再度外放，因一、二年之時間，已足夠瞭解國內各方情況。魏亦基於此一原則，未將家小接返台北，因而孤身一人在台，捱度淒苦歲月。

魏氏收入不豐，歷年又無積蓄，故被調部後，其妻及子女之生活費用，均自工作中獲得。魏氏夫人現在渥太華從事洋裁，其年僅十二、三之幼子，則為當地某報送報生，其即將出嫁之長女，則操持家務。雖然所入能糊口，較之若干外交官家庭之優裕生活者，當不可同日而語。

而魏氏調部辦事，年復一年，眼見人事異動不斷，而自身迄無外放消息。心情之抑鬱，已匪言可宣。且彼秉性耿直，厭惡鑽謀，回首前塵，尤多感喟。魏在調部之七年餘時間內，雖部人事數度更調，尚能多方苦捱，勉為其難。蓋魏氏中英文均佳，且為資深之外交官，做為一簡任秘書，實綽有餘裕。

本年初魏氏一度自戕未成，始引起黃部長重視，曾多方安慰，並囑魏靜候時機。殊料魏竟於黃氏外放消息證實後不久再度跳樓身死，誠可哀也。

或以妻室子女俱在，一極具智慧之中年人竟爾兩度自殺，如非有迫不得已之苦衷，何致於此。然生活、工作，兩相煎迫，內外夾攻，逃避無路，惟一死以求解脫耳。

據悉：魏為人拘謹，雖回台七年餘，孤身苦捱，衣食恆難週全，然極少赴朋輩家攪擾，縱有關顧，亦多方婉辭。魏目前收入，係按中央級公務員待遇，一簡任職所得，包括一切津貼，千元而已，故魏身後，僅餘八百餘美金。

魏之日常生活刻苦，每餐恆為十二元一客之定食。據接近魏氏者謂：魏曾語人：

除每週一次書寫家書時為彼最愉快之時刻者外，其他均在苦捱中。聞魏之長女將於年內出嫁，魏原意年內亦可外放，殊事態演變竟至於此。

魏之堂兄學仁，現任我駐聯合國副代表，於獲悉其弟慘死後，曾電此間查詢。至魏之遺孤究將如何？當伊等獲知此一噩耗時，其悲慟誠不堪想像也。

老一輩的外交官同仁說：「魏學智在王世杰任部長之時任部長機要秘書，甚得雪公（王世杰字雪艇）看重。當時在部中，幾乎可呼風喚雨。」魏氏可能不勝今昔之感，才起輕生之念。但周谷先生所著「外交秘聞」六一頁中記載：

魏學智自殺傳與周書楷次長個人有私怨。外交部當時都知道駐芝加哥前任總領事余先榮一提到周書楷總是會含恨切齒。余回部幾年一直在秘書室「看報」。沈昌煥任部長時始貴為主任秘書，主持秘書室業務，權傾一時。

巧合的是：魏學智過世不久，周書楷便也調離了外交部。其間恩恩怨怨，究竟如何，且讓有心人士去處理吧。

史大爲正傳

史大為是在國外唸的大學，所以有個洋文名字，叫大為史（David Shih）。他任我國派駐某國大使館任「參事代辦」時，不但以「大使」自居，而且要求館中同仁、司機、女工一律稱他為「閣下」（Your Excellency）。他說：「你們若不尊敬我，我如何能得到駐在國官員的看重？」說得振振有詞。館裡同仁，其實只有三等秘書老張和委任主事老李兩人。他們當面叫史大為為「大使」，或「死（史）大使」。背地裡叫他「死大為」。後來又加了個綽號，叫「偽大使」。

我真正認識史大為是三十年前的事。那時我在南斐我駐約翰尼斯堡總領事館任副領事。

有一天，我突然收到一封電文。發電的人赫然是史大為。電文中略說：某月某日，適值星期六，將陪同某大員於中午十二時抵達約堡機場。次日離約堡。素聞南斐盛產鑽石，希望能於不到一整天的時間內，為他「大力安排」，選購一顆一克拉左右的鑽石。

我和史大為在部中雖曾見過，他是留學生進部的「黑官」薦派專員。我是高考進部的薦任科員。既不同司，平常也少來往。我那時年輕好強。雖然南斐的商店星期六下午一時起打烊，要到星期一上午九點以後才開門。但我還是說服了當時金山（即約堡）最有名的凱珠・魯利珠寶店，派一名店員，於星期六下午兩三點鐘之時到我們總領事官邸，攜帶三四顆一克拉左右的鑽石，給史大為挑選。為了敲釘轉腳，我特地先付給那位店員五鍰南斐幣小費，作為他來回的車資和星期六加班的補償。我當時只想表現能力，卻沒考慮到：第一，萬一史大為只看不買，我如何個收場？第二，或者他買了之後反悔，要我為他退貨，我又當如何？卻沒想到還有個第三。

史大為陪同那位長官按時抵埠。中午在總領事官邸午餐。三點鐘之時，凱，魯公司的店夥拿來五顆一克拉大小的鑽石，史大為挑了一顆。價錢說定是七百斐鍰。但當史大為以美金支票付賬時，店員堅持一塊斐幣以美金一元四角五分計算。而當時的官定匯率，是一比一・四美元。為了替史大為省錢，我慨然開了一張七百斐鍰的支票給店員，而請史大為以一比一點四的兌換率開一張九八〇美元的支票給我。等於我為他節省了三十五元之多。那是國內同仁兩個月的薪水。

總以為自己作了一件得意的事，沒想到，第二年史大為再度陪同那位長官途經約堡之時，他竟在那位長官面前很狠的告了我一狀。他說：「第一，根據台灣珠寶店的估價，那顆鑽石只值五百美元。第二，那一位店夥究竟是那間公司的，大有疑問。（其時，他有收到凱・魯公司的發票和保單，卻一字不提。）第三，為什麼美金支票要開給我，而非凱・魯公司？（若然，他必須按一比一・四五的匯率開一張一零一五元的支票，而非九八零。）顯見這裡頭有文章。」

那位長官一向護短，聽了史大為這番謬論之後，竟然大為光火，向當時總領事陳公氣勢洶洶的痛罵我無恥！陳公長者，對筆者知之甚深。堅決表示其中一定有誤會。但絕不相信筆者會有欺騙行為。第二天，陳公陪同史大為去凱・魯公司查詢，當然也帶了鑽石、保單和收據。公司總經理凱珠先生親自接待、查對。證明了那顆鑽石確是該公司的貨品，成色、重量、清晰度完全相符。而且證明所負的貨款確是七百斐鍰無誤。史大為心下大為高興，又買了一顆。事後，陳公向那位長官解說，那位長官連屁也沒放一個。

有了這次慘痛經驗之後，我覺得自己長大了不少。其後有人託買鑽石，筆者一律回絕。對於史大為，也有了較深的認識。

五年之後，他調到A國作一等秘書代辦，我湊巧被派到在B國任一等秘書兼理領事事務。A國交通不便，出入都要先到B國，再搭國際航線的飛機轉往其他國家。大使以為我和史大為既是舊識，一定有交情。是以每次他過境B國，大使總是命我去機場接送。我雖曾上過他一次當，只怪自己年青不懂事，我對史大為並沒心存芥蒂。所以每次也都是接送如儀。而史大為居然以長官的姿態自居，根本不在乎我的想法如何。更想不到的是，我又吃了他的虧。

那一次他過境，正值週末。我的內弟阿忠從台灣來探望我們。大使有應酬，我們招待阿忠，順便也請史大為到家裡吃飯。席間，阿忠說起已為我們在忠孝東路四段凌雲大廈訂了一個單位五十建坪的公寓（大廈）。每建坪約合台幣壹萬肆千元。依照當時的匯率，只合美金三百元左右。想不到史大為聽了阿忠的一番建築公司的廣告言詞之後，居然大有興趣，堅持要阿忠回去後也為他訂一戶。而且當場交了兩千美元給阿忠，作為訂購房屋的訂金和頭款。又說：他一兩個月後即回國，當可自己辦理其他手續。阿忠滿口答應了，我又不便當面阻攔。事情就這樣決定了。五十建坪，共七十萬台幣。（約壹萬柒仟美元）

兩個月後，史大為到了台灣。他親自到現場去察看，又認為自己受了騙。當時，忠孝東路只發展到敦化南路。再向東便是一片荒蕪。連馬路都還沒開出來。史大為堅持要阿忠向建築公司退購。阿忠在不得已的情況下，只好自掏荷包把史大為的兩千美金還給他。至於史大為所訂的一個單位則由我和阿忠合手頂下來。以免要賠掉五萬元台幣的訂金。其實，要退購毀約的是史大為，應該他賠錢。但他就是不接受賠錢，而經手的卻是阿忠，所以，只好我和阿忠合夥、硬起頭皮來再買一戶。史大為回程經過B國時，還向我們大使告了我一狀。說我和阿忠花言巧語欺騙他、要他買房子，騙取佣金。並振振有詞的說：「要不然，退購為什麼不要賠錢？」我和內人真是氣極了。（十幾年後，我和阿忠把那一間公寓賣掉，一共賺了五百萬。也算是老天爺有眼，給我們一點補償吧。）

論理，我已經吃了他兩次虧，應該不至第三次上當。而俗語說：事不過三，我竟第三次又受了他的欺！

史大為在朝中有人的情況下，雖然他是沒有經過高考的「黑官」，仍然能升任「參事代辦」。館員也由三秘老張一人，增加了一名委任主事老李。也就是在這個時候，老張老李背地裡稱史大為為「死大使」，或者「偽大使」。

也是合當有事。A國打內仗，史大為首先溜回國內渡假，館務由張秘書暫代。張秘書單身一人，而且精通當地語文，問題不大。可以暫留A國京城。李主事一家連老母親一共五口，在華僑友人的安排協助之下，逃難到B國。大使要我照料。我把他們安排暫住在我們同一棟公寓裡。四房，兩廳，租金比旅館便宜甚多，而且論週付租，隨時可退租。

李主事住下才一週，史大為由台北回來，他沒有立即去A國，也沒訂旅館，就住在老李的公寓中。老李的太太是內人的遠房表親。有時，我們不能不略盡地主之誼，邀請老李一家人到我們家中便餐。我們也不好意思把史大為一人置之不理，為了顧及老李的面子，所以也約史大為一起。而每次吃飯，史大為總以「主客」自居。以「長官」的態度蒞臨。雖然我們家進門要脫鞋，換脫鞋進房間，史大為卻從不吃這一套。照樣穿著他的瑞士Bally踐踏在我們新買的天津地毯上。B國炎熱，家家都用冷氣。通常門窗緊閉，最忌吸煙。但史大為卻雪茄不離嘴，把我們家弄得烏煙瘴氣。每次吃完飯，他離開之後，我們總要打開門窗透好幾個小時，以除去煙臭味。還有就是，史大為自視甚高，目無餘子。每次吃飯時，他總是不停的大吹法螺，完全不把我們這些「後生晚輩」放在眼裡。所以，請他吃飯，實在是一件痛苦的事。

還有就是他愛借錢，三百五百的向我拿。而還錢既不痛快，又常常忘記借了多少。甚至還有故意賴帳、佔小便宜的習慣。我前前後後也吃了一些小虧。

有一天傍晚，史大為來訪，而且帶了一盒巧克力糖。使我們大為驚訝。他來我們家吃飯多次，從未帶過任何禮物。這次居然帶了禮物來，我想，一定有目的。果然，史大為說：「A國內戰已結束，他日內要回去，擬在B國買一批食品帶去。但他的私人支票在B國的銀行不能立即兌現。是以請我開一張美金一千元的私人支票，蓋上我們大使館的圖章，交給他，他可向我們有長久來往的那間銀行換取本地幣，馬上可拿到錢，以作購物之用。再由他開一張相同數目的美金支票給我，由我寄到我在紐約的戶頭裡墊。我一向面皮薄，不好意思推辭，只好照辦。誰知史大為給我的私人支票，一個月之後，因「存款不足」，給退了回來！還有，他送給我的那盒巧克力，打開後才發現：不但有「哈」為，顯然已經過了可食用的日期。而且還少了一塊。應該是他「吃剩的」東西。

當我收到銀行退回來的史大為的私人支票時，心裡實在生氣。我沒有告訴內人，卻報告了大使。大使也覺得很詫異。同意由大使館致函史大為，附上史大為支票的影本，請他另開一張支票寄下，以清手續。

兩週後，史大為回了我一封信，大罵我不該將這等「小事」小題大作報告大使。信中並沒附支票。卻說：B京某街某商店有曹白魚、豆鼓鯪魚等中國南貨海味，請各買多少寄下，全部費用若干，示知後即連同原先的一千美元開具一張他們大使館的支票寄下奉趙。

我收到他的信後完全沒理會他。心想，大不了一千美元泡湯！再要我替他服務、替他墊款，免談。大約又過了一個多月，史大為終於以他們大使館的名義寄給我一千美元。既沒道歉，甚至連一句客氣話都沒有。

上了他三次當之後，我立下決心，不再和他來往。誰知天不從人願，我還是和他扯上了關係，而這次是奉部令，要躲都不行！

史大為乃是部中一位空降長官所提拔，由科長外放，任一秘代辦，升參事代辦，終於升到了簡任大使。B國附近C國，即將獨立。我和該國的政要打交道，出錢出力，拉攏他們，深得他們的信任。不但要到了他們獨立慶典邀請我國派特使的邀請函，甚至我還同他們的白治政府的總理擬妥了建交公報。

部方訓令：由於我們大使在聯合國開會，派史大為前往C國參加獨立慶典。並令我陪同前往。

由B國京城開車往C國，只須四個小時。這一天，史大為趁班機到B國。中午十二時左右抵達。午餐之後，我陪他坐大使館二號車於一點半左右出發。五點二十分即抵達C京。在旅邸略事休息，於七時到獨立廳參加C國總理的獨立酒會。晚上十時五十分回旅社休息。次日從早到晚，一直馬不停蹄的參加慶典。緊接著晚上是State Ball（舞會）。夜深十二時左右才回到旅社。

次日一早，我已約好十點見總理。我陪同史大為前往。寒暄之後，我拿出早和總理商定好的建交公報，由他和史大為代表兩國政府簽署。於是大功告成。我們離開C國返回B國。當天下午，史大為搭班機回A國。我送他到機場。

一切經過都很順利。但，似乎他認為都是他的成就，他的功勞，根本與我無關。臨到要登機，他只說「一回到A國便會將全情電部」。沒有對我說過一個「謝」字。

一個月後，我收到部中一位同事的信，附寄來史大為的呈部電。電文如次：

部長鈞鑑：職應邀參加C國獨立慶典，×月×日抵C京。當晚參加獨立酒會。次日全日參加慶典。晚參加慶祝舞會。曾分訪總理、副總理、司法部長。致贈二數資助執政黨鞏固其地位。第三日晨赴總理官邸，簽訂由職早經備就之建交公報……職史大為。

電報中連我的名字都沒有。而且，我們在C國停留時間十分有限，除了參加慶典外，根本沒時間作任何活動。而史大為竟能「分訪總理、副總理、司法部長……」等人。還有辦法送上「二數」，資助執政黨。總理副總理等全天候都在慶典場所，如何能「受訪」？我看了之後，只覺好笑。

此事之後，我想，我不可能再會有機緣和史大為打交道吧。誰知道那一年我在部內任司長時，又和史大為扯上關係。

原來部中改朝換代，史大為在失去靠山之後，沒有升上特任大使。一氣之下，自請退休。改營貿易。商場和官場自然不同。以史大為那種小氣、奸詐、而又目無餘子的德性，實在不適宜作生意。據說他多年來的「宦囊」次第賠光，史大為真是又悔、又怒。他原就貪吃，而且酷愛雪茄，雖然身體最胖的只是一個大肚子，血壓卻很高。膽固醇尤其高的離譜。經商失敗的打擊，使他一病不起。前後不到一個月，便一命嗚呼。

老長官陳公，現在已是退休的大使，他一直以為我和史大為頗有交情，打電話給我。要我為史大為寫一篇「生平事略」，以備開弔時分發之用。老長官吩咐，無法推辭。何況我回部辦事三年中，已寫過好幾篇生平事略。總不能說不會寫吧？

為了蒐集史大為的平生言行，我先約他的老館員老張吃午飯。我把陳大使的吩咐告訴他，請他提供一點正面的資料。老張默想了好幾分鐘，而後說：「長官，真抱歉。我所能想到的，只有負面的，卻沒有一件是正面的。」

「那就說一點負面的吧！」我只得說。

「假如，我們館中原有土人司機一人，因為受不了『偽大史』的刻薄、嘮叨，辭職走路。『偽大史』即自己開車。但每月的薪水單上，仍列有司機。而且有人簽字領款。每次駐在國政府或外交團宴客，看到我們『大使』禮服畢挺，滿頭大汗的停車、泊車，真有一點倒胃口！又如洋雇員受不了他的辱罵，受不了他的性騷擾——他常說那位洋小姐愛上了他呢——也不辭而別。而雇員的工作，一大半由我分擔，一小半由他自己作。當然，外交部每月發下的雇員薪水還是有人照領不誤。還有就是女傭人，一年之中換好幾個。因為『偽大史』說：她們太懶，她們偷東西，她們沒禮貌，不稱他為『閣下』！」

「還有呢？」我繼續問。

「以上所說是對人的。至於對事。第一，他最會報偽賬。買一條輪胎要兩份收據。這個月報正本，下個月報副本。還有餐館宴客的單據，他有一整本。而且號碼相連的。好像那家餐館只作他一個人的生意：單據從一號、二號、三號、也許到十幾號，中間一個號碼都不脫。記得老李曾用四六句子把我們『大使』的種種德行寫了一篇長信報告部內的長官。裡面說：『賬屬子虛，居然化零為整。員亦烏有，無非以少報多！』寫得真好。」

歇了一口氣，老張又說：其次，他有神經病。他疑心別人偷看他的私信，偷看他的呈部公文。甚至懷疑別人偷他的錢，偷他的東西。而這些，實際上都是他自己的『專長』。他還認為鄰居洋婆子對他有意思呢！

「由於疑心，所以館裡大小圖章都由他親自保管。我兼辦領事業務。每辦好一個簽證，要呈給他先過目，把簽證費繳上，他驗明一切無誤後，才從保險庫裡拿出簽證專用的圖章來，蓋在簽證的下角。還要再端詳一分鐘左右，才把原本還給我。而後，他再將圖章和規費收回他的保險庫中。」

「他這麼仔細啊？」我說。

「不是仔細，他疑心重。」老張連忙解釋，「他誰也不信任。他又懷疑我們在他返國述職或赴他國休假時『偷』開他的座車。每次動身前，他一定告誡。不可動用公車。除了由司機接送他兩個兒子上下學之外，車子一定要車庫裡！真是莫名其妙。」

「你不是說他沒司機嗎？」我忽然發現老張前後語不一致的漏洞。

「他是沒有司機。但卻有一個親戚，好像是『偽大使』的親姪子，從大陸逃出來，替他照應家事，洗衣、作飯，有時也送兩個『公子』上下學。」

一頓飯吃完了，我回到辦公室，執筆寫道：

史大為一生刻苦從公，雖雇員與司機之工作，人不堪其苦，而史君有時自己承擔，毫無怨言。

史君於理財方面，尤有獨到之處。常能開源節流。一錢作數錢之用。辦事之細心，更為同仁所稱道。即使是簽發一個簽證，收取一則規費，也是一絲不苟，再三核對，嚴防出錯。對於公務，更為愛惜。館中公車，除必要之公務外，定必停放車庫中，妥為保護。

身為外交官，史君又注重禮節，講究衣著，日常稱謂，均按外交禮節行事。安排宴會，停放車輛，也都井井有序，絕不濫權。

次日，我又邀老李同進午餐。也順便請他提供一點史大為的平生行事的資料。

「『偽大使』每次請吃飯，一定有一道菜，那就是『白切雞』。」老李說。恰好我們點了白斬雞（蔥油肥雞）。

「好菜呀。」我說，挾起一片雞腿肉，送進嘴裡。

「長官，可不是這樣的貴妃雞呀！」

「那是什麼雞？」

「什麼雞？那可能不能叫雞，我們叫它『湯渣子』。您知道，在A國，土雞多的是。當然，超級市場中也有開剝乾淨的飼料雞，冷凍的。但我們都愛買土雞吃。『現殺現煮，又甜又補』。『偽大使』也不例外。只是他先把土雞燉汁，自己喝掉進補。熬過湯的雞，加上味精、醬油、蔥花、薑絲，卻拿來待客。美其名曰『白切雞』。我們通常買湯肉煲湯，我們喝湯，煲過湯的牛肉，我們都是拿來餵狗。『偽大使』自己喝湯，卻把雞湯渣子待客，他簡直把客人當狗看待呀！」

「還有呢？」

老李說的口沫橫飛，胸中似乎仍有一股不平之氣。他那一口廣東國語，越說越傳神。

「他最小氣，人送他的茶葉呀、肉鬆呀、罐頭呀、農耕隊種的蔬菜呀，冬瓜呀！他自己吃不了，尤其後來他兩個兒子送去美國讀書之後——卻又捨不得給人。等到罐頭過期啦，茶葉發霉啦、蔬菜腐爛啦，他才肯拿出來分給我們，還要賣一份人情。真是他媽的暴殄天物，拿鹹魚放生，死活都搞不清楚。」老李連三字經都出口了。

「這我知道。」我說。我就吃過他發霉的巧克力糖。

「一枝鉛筆，用到只有兩寸左右了，我向『偽大使』請求換一枝新的。『偽大使』交給我一個原子筆的筆套，安在鉛筆後面，要我再用一兩個月。公文紙，館中的其他文具，『偽大使』都是嚴格控制，只有他的兩個兒子，要怎麼個用法就怎麼個用法……」

我岔開他的話：「那他好不好喝酒？」

「很少喝酒。可是抽雪茄抽得很厲害。」老李說。

「這我也知道。」我說。「醫生說他是肺癌引起許多併發症而去世的。未許不是吸煙太多的後果。」想起他到我們家吃飯時不停的吸雪茄，把我家弄得烏煙瘴氣，心裡真不舒服。

「我聽說他是一半受氣氣死的！」老李神秘兮兮的說。「他的兒子都是美國出生的，都有美國的公民紙。後來又在美國讀書。大兒子討了個美國婆，老二娶了個雜色女人（註：即是黑白混血種。）他們都是標準的BANANA（註：香蕉，也就是具有中國人的面孔膚色，而肚子都是美國人思想的華裔美國人。）『偽大使』最疼老二。他在國內的存款一多半是用小兒子的名字開的戶頭。美金戶頭，當然。可以逃稅。據說：存款中的一大部份被他那小兒子給『吞沒』了。『偽大使』一氣之下，這才一病不起的。」

「不是說他生意賠了本嗎？」我想，這也可能是巧合，也可能是真有其事。

「生意賠本？」老李睜大了眼睛，一臉充血，好像要找人打架的樣子。「他那種膽小多疑，比精怪還要精的人，作生意怎麼會賠本？我曾說他：『狐性多疑，飲弓影而成疴。鼠行少膽，聞蟻聲而驚夢！』他的錢是給兒子A去了。」

這一下我可給弄糊塗了。於是我又問：「他的兩個兒子在美國幹什麼？」

「他的兩個兒子倒是很會讀書。兩個人都拿到博士學位。聽說兩人都在美國一家電腦公司工作。」

「那他太太呢？」

「太太？不知道。我們從來沒見過。有人說史大為已離了婚。又有人說，他太太在美國開了一家餐館。他不提，我們誰也不敢問。」

飯後，我繼續為史大為寫生平事略。

先生為人精細，好客而不貪杯。每有嘉賓，常親自下廚烹調。尤以白切雞一道名菜，為中外友人所稱道。先生為人，仔細謹慎，節用愛物。一絲一縷，一粥一飯，常念來處不易，物力維難。而又教子有方，人所欽羨。兩位公子負笈美國，學有專長，均獲博士學位。現在美國某某大電腦公司擔任要職。且都已成家……

再過了兩天，我又找到王科長到家中便飯、小酌。王科長曾繼老張之後，在史大為手下擔任過二等秘書。王科長十分惜言，幾乎不願多說一個字。但我使出渾身解數，旁敲側擊，仍然榨取到不少資料。

第一，他到任的第一天，發現大使館居然沒有水，老李正忙著指揮大使館的工友從大約一百公尺外的「大使官邸」運水來沖廁所，「大使」說大使館是租的房子，屋齡太高，水管漏水嚴重，屋主不肯修理，只好暫把水管關掉。老李卻說是水費未繳，管線被剪斷。要恢復供水，得先繳罰金。

第二，史大為的兩個兒子得到父親去世的消息後，同一天趕到台北。經過調查研究，發現史大為留下的只有債務，並無遺產，兩人第二天又匆匆忙忙的搭飛機趕回美國。說是公司不准假。連公祭都不肯參加。

第三，史大為的太太身體不好，電話她在台北的堂弟協助為史大為辦後事。花了一筆錢。

第四，史大為雖曾有過一些錢，但疑心太重，不肯買房地產。幾個現錢，全抓在手頭上。最後為地下投資公司的高利所誘，投了進去。開頭幾個月頗吃了點甜頭。後來公司惡性倒閉，史大為血本無歸，損失慘重。

第五，王科長認為平生的其恥大辱，便是經常受到「偽大使」的刻薄。例如：寫一封簡短的英文信，「偽大使」也要把他叫到辦公室去欺凌一番。「你說你是台大外文系畢業的？我看不像，怎麼台大的高材生連一封短短的英文信都寫不出來！」諸如此類。

飯後，我續撰「史大為先生生平事略」：

雖則公司請假不易，兩位公子於得悉噩耗之後，仍然間關萬里，返國奔喪。史夫人體弱多病，常住美國，不能遠行，再三囑託其在台灣堂弟，經營後事。妻賢子孝，夫復何憾。

史君一向努力從公，對於公文，史君尤其認真。雖小小一張便條，短短一封英文信，史君常不厭其煩，與同事反覆推敲，務使盡善盡美……

然後，我又把史大為的平生、籍貫和學歷、經歷，安排入文中。總算勉強湊了一千字的「謊話」交差。實在連自己看了都會臉紅。

開弔之日，筆者在頗為無奈的情況下，還是去史大為的靈堂鞠了三躬。離開之時在殯儀館大門口碰見了王科長和老張、老李。他們三人人手一份精印的「史大為先生生平事略」，斜著眼光看我。眼光裡似乎有一把尖刀，直刺得我心疼意亂。

我「哎喲」一聲驚叫。他們三個齊聲問：「長官怎麼哪？」

我說：「人死不記恨。你們三個人的眼光中，有仇刀，有恨刀，還有不能原諒我在不得已的情況下寫謊言的尖刀！刀刀都刺在我心上啦！刺得我好疼！」

「長官寫小說的功夫，久聞大名，果然不錯。」老張心平氣和，微笑的說。在他的微笑裡，我還是找到一絲抗議的意味。「人死不記恨，說得也是。我們來三鞠躬，也就是把從前的老賬一筆勾消。我跟了他六年。六年都被他踐踏在腳底下。六年之中，我的考績總是在六十九分到七十五分之間盤旋！」

「他給我考績乙等、丙等，我都不放在心上。」老李說。「他總認為我偷看他的信、報假賬。他媽的，天知道誰在偷拆別人的信、經常報假賬呢！」

王科長沒有說話，只靜靜的聽著。但我從他的眼神變化中，仍然看出他內心有不平，也有無奈。

我走進座車，向他們三個揮手說再見。

汽車緩緩的駛出殯儀館。

我閉上眼睛，眼前飄浮出史大為的「遺照」：他左肩高，右肩低，相差一兩寸。所以走起路來總是斜斜的。尖嘴、寡鼻、鼠眼、高顴。臉上皮包骨頭，沒有四兩肉。終日架著一副墨鏡。一副標準的刻薄小人像。然而，人死不記恨。願他早登天國。願他的靈魂得到平安。

後註：本文純屬虛構。敬請讀者諒解。

血歷史32　PC0261

新銳文創
INDEPENDENT & UNIQUE

中華民國外交官列傳

作　　者　劉　瑛
責任編輯　蔡曉雯
圖文排版　郭雅雯
封面設計　王嵩賀

出版策劃　新銳文創
發 行 人　宋政坤
法律顧問　毛國樑　律師
製作發行　秀威資訊科技股份有限公司
114 台北市內湖區瑞光路76巷65號1樓
電話：+886-2-2796-3638　傳真：+886-2-2796-1377
服務信箱：service@showwe.com.tw
http://www.showwe.com.tw
郵政劃撥　19563868　戶名：秀威資訊科技股份有限公司
展售門市　國家書店【松江門市】
104 台北市中山區松江路209號1樓
電話：+886-2-2518-0207　傳真：+886-2-2518-0778
網路訂購　秀威網路書店：http://www.bodbooks.com.tw
國家網路書店：http://www.govbooks.com.tw

出版日期　2012年10月　初版
定　　價　370元

國家圖書館出版品預行編目

中華民國外交官列傳 / 劉瑛著. -- 初版. -- 臺北市：新銳文創,
2012.10
面； 公分. --（血歷史）
ISBN 978-986-5915-17-9（平裝）
1.外交人員 2.傳記 3.中華民國外交

783.32 101017943

讀者回函卡

感謝您購買本書，為提升服務品質，請填妥以下資料，將讀者回函卡直接寄回或傳真本公司，收到您的寶貴意見後，我們會收藏記錄及檢討，謝謝！如您需要了解本公司最新出版書目、購書優惠或企劃活動，歡迎您上網查詢或下載相關資料：http:// www.showwe.com.tw

您購買的書名：________________________________

出生日期：________年________月________日

學歷：□高中（含）以下　□大專　□研究所（含）以上

職業：□製造業　□金融業　□資訊業　□軍警　□傳播業　□自由業

□服務業　□公務員　□教職　□學生　□家管　□其它____

購書地點：□網路書店　□實體書店　□書展　□郵購　□贈閱　□其他

您從何得知本書的消息？

□網路書店　□實體書店　□網路搜尋　□電子報　□書訊　□雜誌

□傳播媒體　□親友推薦　□網站推薦　□部落格　□其他________

您對本書的評價：（請填代號　1.非常滿意　2.滿意　3.尚可　4.再改進）

封面設計____　版面編排____　內容____　文／譯筆____　價格____

讀完書後您覺得：

□很有收穫　□有收穫　□收穫不多　□沒收穫

對我們的建議：________________________________

____

____

____

請貼
郵票

11466
台北市內湖區瑞光路 76 巷 65 號 1 樓
秀威資訊科技股份有限公司 收
BOD 數位出版事業部

（請沿線對折寄回，謝謝！）

姓　　名：____________　年齡：______　性別：□女　□男

郵遞區號：□□□□□

地　　址：____________________

聯絡電話：(日)____________　(夜)____________

E-mail：____________________